湖北抗战图史

湖北省档案馆 编

石 山 主编

長江出版傳媒
湖北人民出版社

鄂新登字 01 号
图书在版编目(CIP)数据

湖北抗战图史/石山主编.
武汉:湖北人民出版社,2012.7

ISBN 978-7-216-07254-0

Ⅰ. 湖…
Ⅱ. 石…
Ⅲ. 抗日战争史—湖北省—画册
Ⅳ. K265-64

中国版本图书馆 CIP 数据核字(2012)第 155291 号

湖北抗战图史　　石　山主编

长江出版传媒
湖北人民出版社

地址:武汉市雄楚大道 268 号
邮编:430070

印刷:武汉贝思印务设计有限公司
经销:湖北省新华书店
开本:787 毫米×1092 毫米 1/16
印张:10
字数:120 千字
插页:4
版次:2012 年 7 月第 1 版
印次:2012 年 7 月第 1 次印刷
印数:1—3000
定价:108.00 元
书号:ISBN 978-7-216-07254-0

本社网址:http://www.hbpp.com.cn

牢记历史　不忘过去

珍爱和平　开创未来

——胡锦涛:《在纪念抗日战争暨世界反法西斯战争胜利60周年大会上的讲话》

Hubei
Kangzhan Tushi

《湖北抗战图史》编委会

Hubei

Kangzhan Tushi

目录

前言

20世纪30年代，日本军国主义悍然发动侵华战争，对中国进行了长达14年的侵略。这场向人类文明挑战的侵略战争给中华民族带来了深重的灾难。

湖北是抗战期间遭受日军侵略的重点地区。1937年8月21日，日军开始对湖北进行轰炸。1938年7月25日，日军地面部队攻占黄梅小池口。湖北全省71个县市，被日机轰炸造成人口伤亡的有66个县市，造成财产损失的有68个县市，分别占全省县市总数的93%和96%。先后遭日军全部或局部侵占的有55个县市，占全省县市总数的78%，其中44个县市被长期占领，占全省县市总数的62%。直到1945年8月日本宣布投降的整整8年间，日本侵略者在湖北杀害中国军人、非战斗人员及无辜平民，大肆进行经济掠夺、垄断金融贸易、毁坏公私财物、推行殖民文化、施行奴化教育，犯下罄竹难书的罪恶暴行，给湖北人民造成了巨大的伤害和损失，在人类文明史上留下黑暗、丑恶的一页。

湖北抗战在中国人民抗战史上具有十分重要的历史地位。湖北是全面抗战初期全国抗日运动的中心。在中国共产党倡导建立的抗日民族统一战线旗帜下，以国共合作为基础，中国人民同穷凶极恶的日本侵略者进行了艰苦卓绝的斗争。中国国民党和中国共产党领导的抗日军队，分别担负者正面战场和敌后战场的作战任务，形成了共同抗击日本侵略者的战略态势。

1938年6月至10月，中国军队在武汉地区同企图一举“解决中国事变”的日军展开抗战以来最大规模的会战。战场在武汉外围沿长江南北岸展开，遍及安徽、河南、江西、湖北4省广大地区。武汉保卫战历时4个半月，毙伤敌近4万人。日本企图一举摧毁中国抵抗力量的目的不仅没有实现，自身人力、物力、财力的消耗也达到空前程度。特别是中国共产党领导的敌后游击战争的迅猛发展，钳制了大量日军，拖住了日军对正面战场的战略进攻。以武汉会战结束为标志，中国抗日战争进入战略相持阶段。此战对中国人民抗日战争具有重大转折意义。

湖北人民对全国抗日战争和世界反法西斯战争的胜利作出了重大牺牲和杰出贡献。在漫长的抗战岁月里，湖北地区的中共党组织和人民群众孤悬敌后，进行了艰苦卓绝的斗争。鄂豫边区的抗日武装由小到大，由弱到强，由分散到统一，成长壮大为新四军第五师。抗日战争期间，新四军第五师发展到5万余人，歼灭日伪军4.3万人，解放了横跨鄂豫皖湘赣9万平方公里的国土和1300万人口，成为中原抗战的中流砥柱，为中国人民抗日战争和世界反法西斯战争的胜利作出了重大贡献。

一部湖北抗战史明确无误地告诉人们：中国共产党主张建立的以国共合作为基础的抗日民族统一战线是打败日本侵略者的决定因素，中国共产党是引导全民族抗战走向胜利的旗帜，中国共产党及其领导的抗日军民是全民族抗战的中流砥柱。

"牢记历史、不忘过去、珍爱和平、开创未来"。

抗日战争的硝烟随着时间的逝去而消散，但是留在人们心灵上的创伤却依然存在。牢记历史不是为了延续仇恨，而是为了开创未来。把当年日本军国主义侵略中国的历史，连同那个苦难年代的硝烟与血泪，一代接一代地牢记心中，让先烈的英灵和民族的浩气化为反对侵略、捍卫和平的强大动力，更好地推进全面建设小康社会、实现中华民族伟大复兴的光辉事业，更好地促进人类和平与发展的崇高事业，是我们义不容辞的责任。

今年是"中日国民交流友好年"，同时正值南京大屠杀75周年，也是中日邦交正常化40周年。《湖北抗战图史》的出版发行，无疑具有特别重要的纪念意义。

2012年2月

第一编

山河破碎 荆楚蒙难

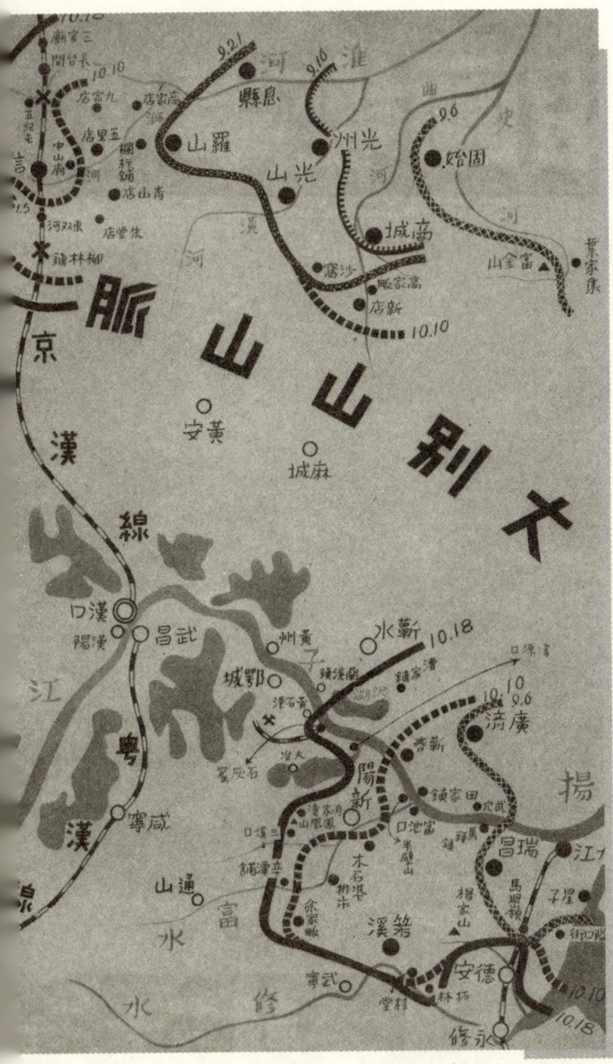

◀日军绘制的鄂东地图

湖北是抗战期间遭受日军侵略的重点地区。日本侵略者灭绝人性、杀人放火、奸淫掳掠、为所欲为、无恶不作，炮制了无数惨绝人寰的血案。日本法西斯对湖北地区的罪恶行径，令人发指。

1938 年 7 月 25 日 14 时，日军第六师团波田支队在黄梅县小池口登陆。从此，湖北人民在日寇铁蹄的蹂躏之下，开始了长达 7 年之久的屈辱生活。

1938年6月，日本为占领华中，控制全中国，完成攻占武汉的作战部署，在华中派遣军总司令畑俊六大将的指挥下，派出第二、第十一两个军，共计16个师团、3个旅团和炮兵部队、海军陆战队各1部，飞机500架，舰艇120艘，总兵力约40万，从东、北和东南三个方向进攻武汉。

▲日军攻陷九江后，陆海空三位一体集结于江西马头镇，准备向长江北岸的湖北发起进攻

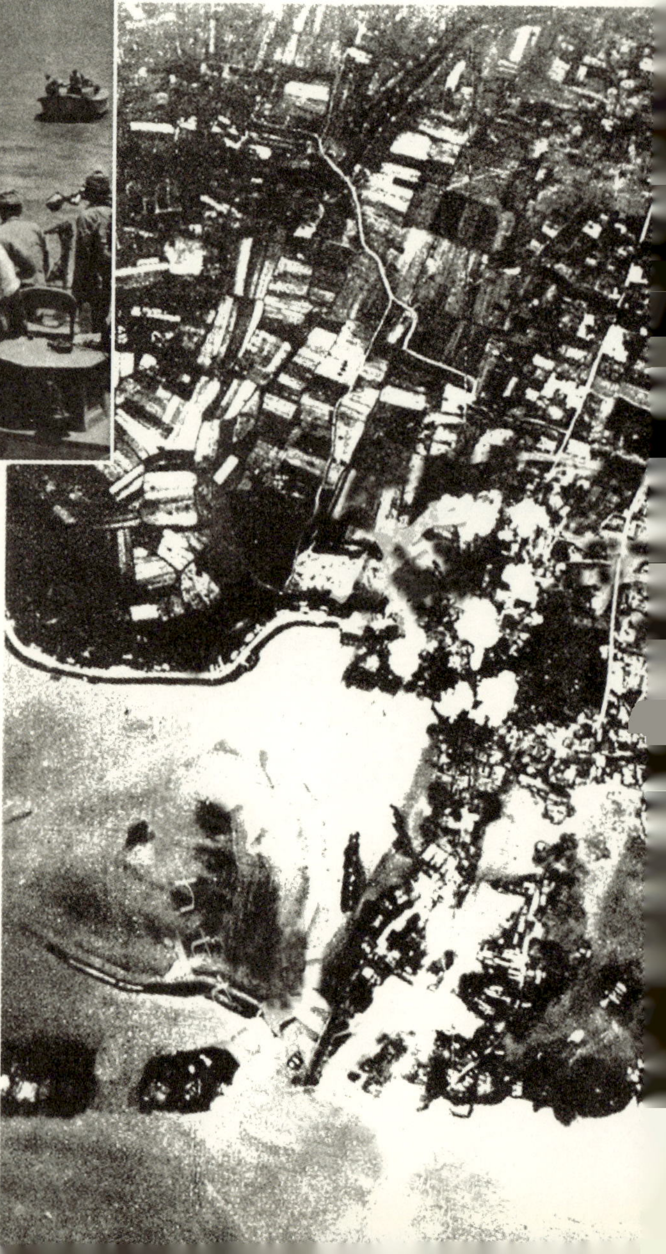

▶1938年7月25日，日军在进攻九江的同时，出动70余架飞机、28艘炮舰，配合海军陆战队，对黄梅县小池口进行狂轰滥炸

▲1938 年 9 月 6 日，日军第六师团攻占广济

▲日军第六师团若松部队在广济城内扫荡

▲1938年9月9日，日军第六师团今村支队与增援部队配合，攻占田家镇

▶1938年10月8日，日军海军陆战队土师部队、陆军细谷部队攻占蕲春

◀1938年9月27日，日军攻占广济武穴镇

▶1938年10月6日，在田家镇附近溯江而上的日军舰队

▲1938年10月21日，日军第六师团牛岛部队攻占蕲水(今浠水)

1938年9月29日，日军第13师团主力从河南商城出发，10月22日进入湖北省界。

◀日军与中国军队在大别山地区展开激战

▶日军突破大别山中央山脉，向麻城进发

▼1938年10月25日，日军第十三师团占领大别山南麓军事重镇麻城

▶麻城城内的日军坦克

▼攻占麻城之后，1938年10月27日，日军继续向汉口进发

▶1938年10月27日，日军仓林部队攻占麻城岐亭镇

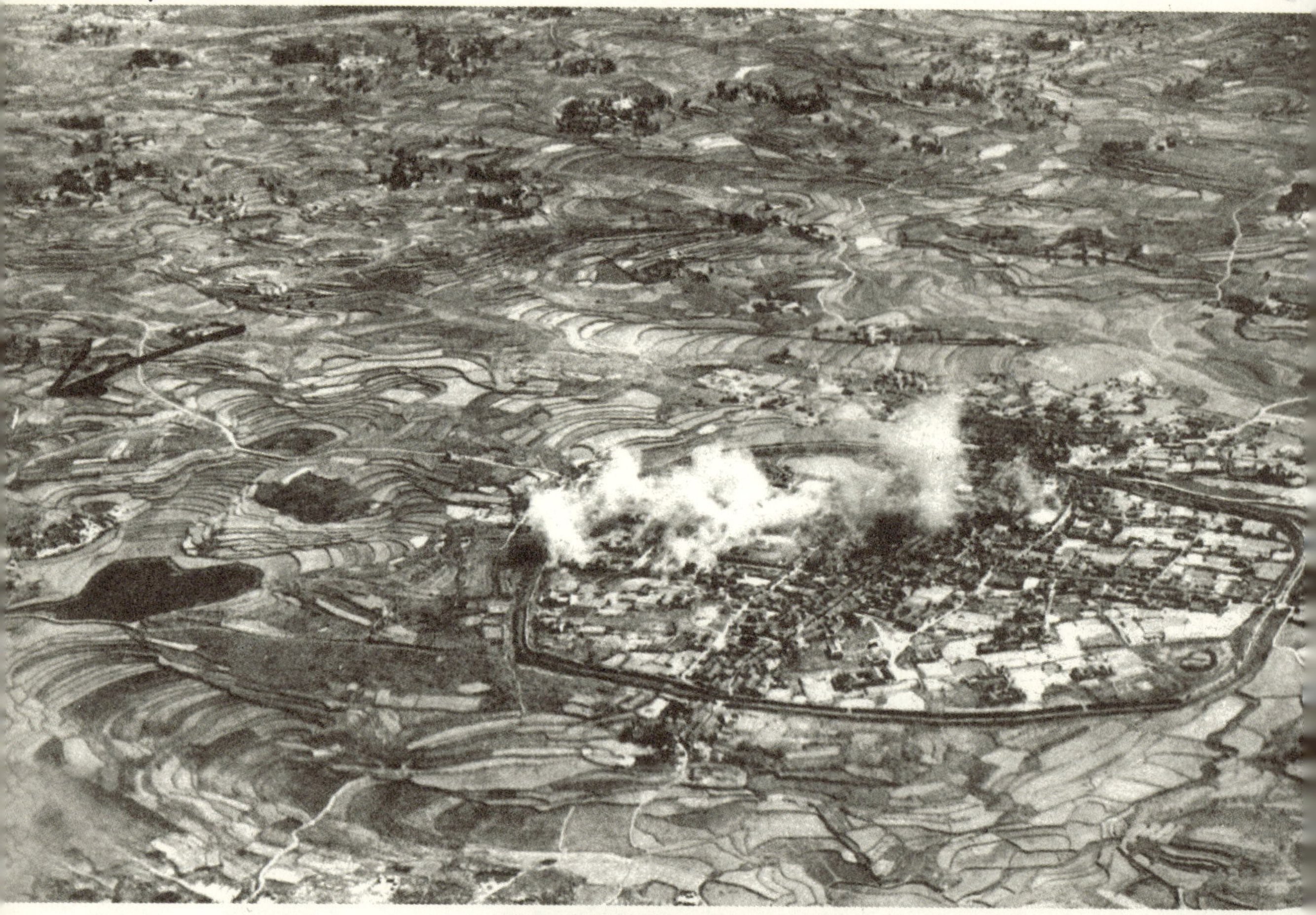

▲日军炮击黄安（今红安）县城

▶10月27日，日军第十六师团笠井骑兵部队攻占黄安（今红安）

▲1938年11月17日,日军攻占罗田

1938 年 10 月 12 日，日军第二军第十师团攻占信阳，随即发起对湖北的进攻。1938 年 10 月 24 日，日军第十六师团进入湖北省界。

▲日军轰炸信阳

▶1938 年 10 月 31 日，日军第十六师团仓林部队攻占孝感

▼日军福荣部队攻占安陆

▼日军军列通过溵口至信阳间的徐河铁桥，向汉口发起进攻

1938年8月21日，日军第十一军波田支队、第九师团、第二十七师团登陆九江，随即侵入湖北东南部地区，攻占富池口、半壁山要塞，打开了从长江进入武汉的最后一道大门。

1938年10月2日，进攻富水的日军藤冈部队

▲1938年10月3日，日军进入富水南岸，准备渡河攻击

▲1938年10月4日，半壁山要塞失守

▶1938年10月12日，日军高品部队在海军陆战队配合下占领汉冶萍公司所属的大冶铁矿及炼铁厂

▼1938年10月18日，日军永井部队攻占阳新

▲1938年10月16日，日军高品部队攻占石灰窑

▼日军攻占阳新排市

▲1938 年 10 月 19 日，日军高品部队与海军陆战队松本、土师部队攻占黄石港

▶黄石港成为一片废墟

◀位于黄石港区的第九战区司令部被日军海军陆战队松本部队占领

◀1938 年 10 月 21 日，日军第六师团波田支队攻占大冶。大冶县政府成为一片瓦砾

▶1938 年 11 月 6 日，日军宫崎部队攻占崇阳

▼1938 年 11 月 5 日，日军攻占蒲圻(今赤壁)

▲1938 年 11 月 9 日，日军宫崎部队攻占通城

◀11 月 8 日攻占蒲圻（今赤壁）羊楼司

▲1938年11月28日，日军石井坦克部队进攻咸宁

▲日军田岛部队在粤汉线咸宁桃林店爆破铁路

◀1938年11月29日，日军长谷川部队攻占咸宁

◀离开大冶后向鄂城(今鄂州)进击的日军福田坦克部队

◀1938 年 10 月 22 日，日军海军陆战队续木部队在鄂城下游再次强行登陆，与高品部队一起攻占鄂城(今鄂州)

▲日军海军陆战队在鄂城(今鄂州)举行阅兵式

▲在葛家店（今葛店）观测武昌中国守军阵地的日军冈气球队

▲1938年10月25日，日军崛川部队攻占葛家店（今葛店），炮击武昌城

▶1938年10月26日，日军第六师团波田支队所属平田、石本、中岛各部队突入并占领武昌

▼日军小金泽部队攻入武昌

▲日军平田部队攻入武昌

◀日军在武昌街头

▲武昌市内国民政府军事委员会委员长武汉行营前的日军

▶率先攻入武昌的日军平田部队攻占国民政府军事委员会委员长武汉行营

▼1938 年 10 月 24 日，日军杉山部队进攻黄陂

▶日军占领汉口岱家山蓬字望楼

▼1938年10月25日，日军突入汉口东北部

▶日军进占汉口

▲日军进入汉口市区

▲日军一部突入汉口车站

▼汉口中山路上的日军

▲汉口江汉关前的日军野口部队

◀进入汉口的日军佐野部队

▲日军在汉口意大利领事馆前受到轴心国盟友的欢迎

▲江汉关前的日军

▲汉阳大别山(今龟山)上的日军

◀日军攻占汉阳钢铁厂

◀日军攻占遭到轰炸后的汉阳钢铁厂

◀日军占领下的汉阳钢铁厂

▲沿长江西进攻击武汉的日军海军

▲武汉上空的日军飞机

1938年10月下旬，武汉已被日军从东、南、北三面包围。10月24日，日本华中派遣军发出中支作命甲第125号，令各部迅速进入武汉。为保存军力以利长期抗战，国民政府军事委员会于10月24日下令放弃武汉。26日，日军第十一军第九师团波田支队占领武昌，同日午后，日军第六师团占领汉口；27日，日军第一一六师团与第六师团各一部占领汉阳。至此，武汉三镇沦陷。

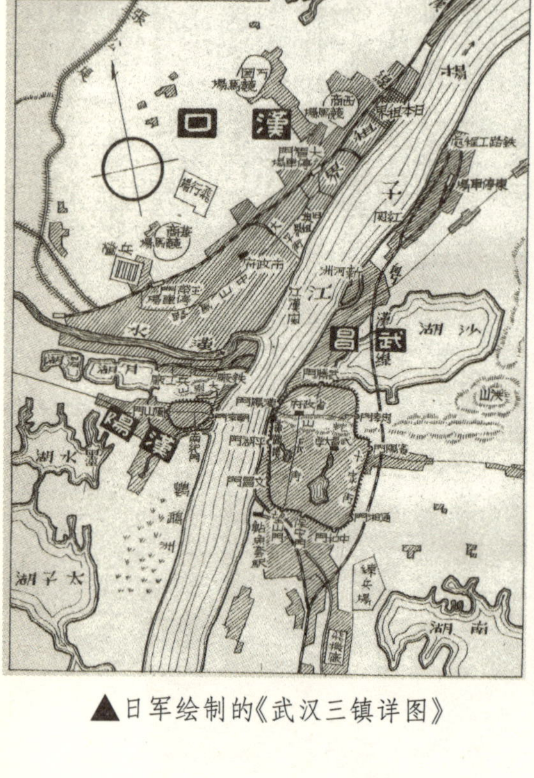

▲日军绘制的《武汉三镇详图》

▲日军绘制的《汉口前卫战局地图》

▶在武昌街头站岗的日军(上)

▶在汉阳街头站岗的日军(中)

▶在汉口盘查行人的日军(下)

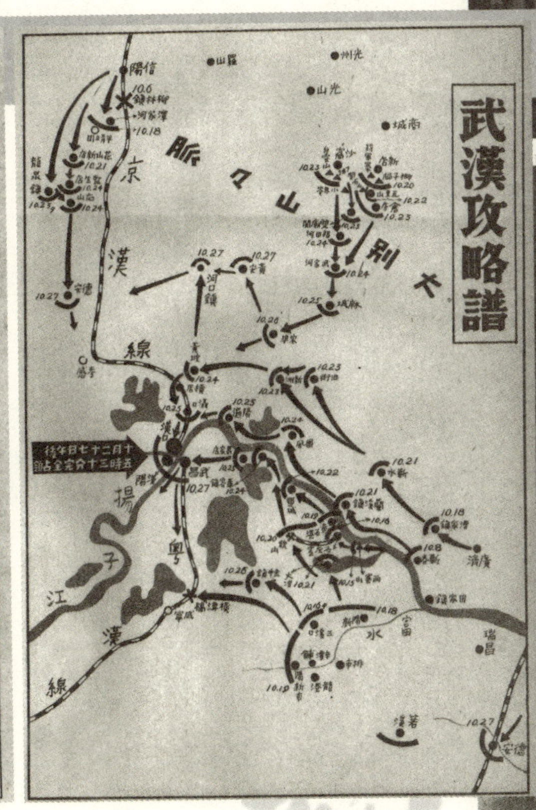

▲日军绘制的《武汉攻略谱》

◀日军华中派遣军司令官畑俊六大将从江汉关码头登陆武汉(左)

◀1938年11月3日，日军华中派遣军所属海军第三舰队司令官及川古志郎大将，在汉口举行海军阅兵式(右)

▼日军在汉口举行舰队阅兵式(左)

▼1938年11月3日，日军华中派遣军司令部在汉口璇宫饭店顶层庆祝明治节及攻克汉口(右)

▲日本天皇在东京二重桥乘马以祝贺汉口陷落

▼日军在汉口街头游行，庆祝攻克武汉

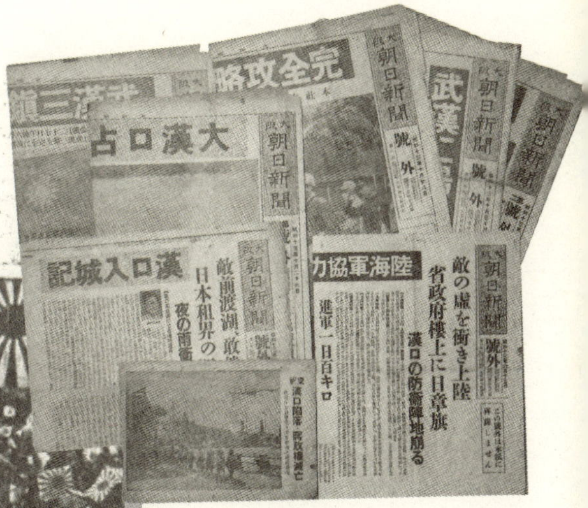

▲日军攻占武汉后日本出版的各种报刊号外

▼庆祝汉口陷落的标语挂在北平(今北京)的街头

歷史寫眞
武漢攻略前戰號
大正二年創刊
昭和拾參年
拾壹月號
參百六號
攻部隊長戰死直前之勇姿

參百七號
拾貳月號
漢口陷落號
附 廣東の攻略

歷史寫眞
武漢制壓篇

◀▼日本出版的记载攻占武汉过程的画报

日军占领武汉后，即在武汉屯以重兵。据统计，截至1940年底，盘踞在武汉地区的日军共21.8万人，成为侵华日军的“兵力密度之最”。

▲华中派遣军司令官畑俊六陆军大将(左)，日本皇族贺阳宫邦寿王陆军大尉(右)

▶第十一军司令官冈村宁次陆军中将(左)，第九师团师团长吉住良辅陆军中将(右)

▲中国方面舰队司令长官兼第三舰队司令及川古志郎海军中将

◀第二军司令官东久迩宫稔彦王陆军中将

武汉沦陷是武汉城市和人民的空前灾难。自1938年10月25日日寇的铁蹄踏入武汉至1945年9月18日日寇正式投降，近7年的沦陷时期，武汉遭受的财产直接损失达10万亿元（战前的法币币值），这个数目相当于中国中央政府1936年一年的财政收入。间接损失更是无法统计。武汉是中国战时经济损失最惨重的城市之一。

日军攻陷武汉后，又相继占领沙市、宜昌等重要城市。到1940年底，全省有近40座县城沦陷。

▲1938年11月8日，日军占领洪湖新堤，强迫老百姓列队欢迎

▶1939年7月4日，进占潜江南部的日军仓林部队

▶1940 年 3 月 8 日，日军炳泽部队攻占钟祥

▼日军占领监利县白螺矶

▲进占钟祥的日军辎重部队

▶1940 年 5 月 5 日，进占枣阳北方地区的日军

▼日军在钟祥丰乐河

▲进占随县南部的日军坪岛部队(上)

▲进占随县大洪山的日军井上部队(下)

▼1940年5月7日，进占襄樊滚河流域的日军

▲参加襄东作战的日军(上左)

▲1940 年 6 月 8 日,日军藤崎部队攻占沙市(上右)

◀1940 年 6 月 1 日,日军野部队攻占襄阳

▶攻占沙市的日军

▼扫荡沙市的日军镰浦部队

▲1940 年 6 月 11 日，日军村上部队攻占宜昌

▶日军宜昌警备司令部

◀驻守宜昌的日军

▼进占当阳王家店的日军岛田部队

1925 年，世界主要国家在日内瓦举行会议，通过了《日内瓦协议书》，禁止在战争中使用窒息性、有毒的气体及一切类似的液体或物体，禁止用细菌作战，日本也在协议书上签了字。但日本法西斯公然背弃协议，在武汉会战中使用毒气，犯下灭绝人性之罪。

▲日军在进攻武汉作战中大量使用毒气。图为戴着防毒面具的日军第一〇一师团的士兵

▲遭到日军芥子气毒害的中国军人

▶佩戴防毒面具的日军气球队士兵

▲胸部皮肤溃烂的中国士兵

南京陷落后，日本大本营命令航空兵团加紧对武汉实施狂轰滥炸，至1938年6月，日机侵犯湖北共有497架次，轰炸40余次，投弹1572枚，给武汉人民带来严重灾难。

▲日军飞机轰炸汉口

▶被炸毁的汉口大智门路

▼汉口市区被炸毁的房屋

◀▼被炸毁的汉口民房

▲滚滚浓烟中的汉口(左)

▲民权路废墟(右)

▶三民路废墟

▲被炸毁的湖北纱布局(上)

▲被炸毁的湖北邮政局(下)

▶被炸毁的汉阳钢铁厂及兵工厂(左)

▶惊恐万状、四下避难的武汉市民(右)

▼被炸毁的汉阳古琴台前半部(左)

▼被炸死的武汉平民以芦席遮盖，亲属失声痛哭(中)

▼日军狂轰滥炸造成和平居民伤亡惨重(右)

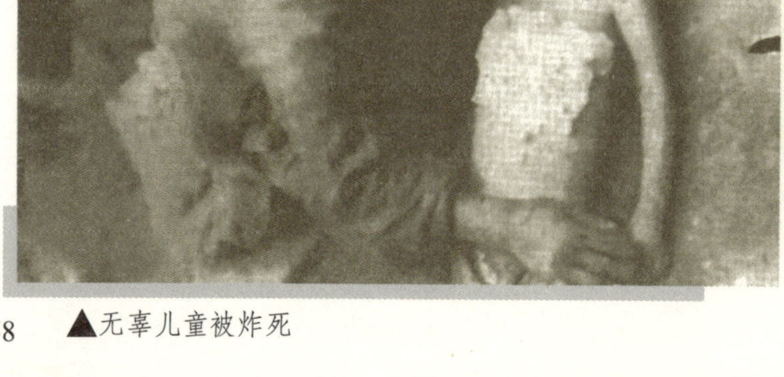

▲无辜儿童被炸死

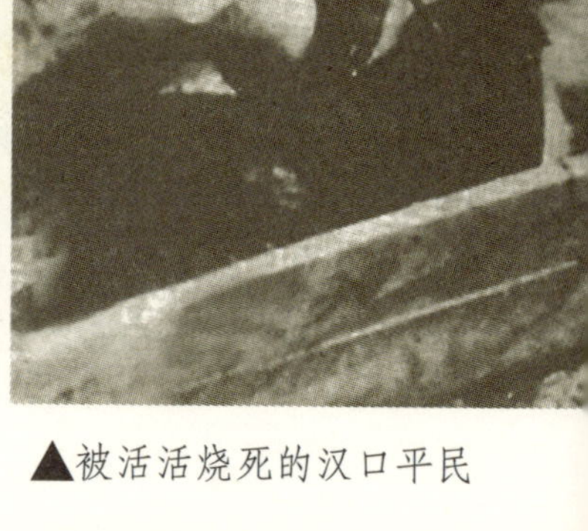

▲被活活烧死的汉口平民

▲一个在废墟上痛哭的武汉老人

1937年7月7日卢沟桥事变之后，日军飞机对湖北全境进行了疯狂轰炸，全省79个市县，除十堰、兴山、鹤峰、宣恩、竹山、保康、汉川等市县未发现受敌机空袭的资料以外，其他市县都遭到轰炸，有的还同时遭受敌机投下的毒气弹、烧夷弹和低空扫射的袭击，人身伤亡和财物损失惨重。

▲被炸毁的来凤机场

▼老河口花城门被炸毁的民房

▲遭受轰炸后的老河口谭家街

▼轰炸恩施的日机

▲日军轰炸远安

◀被炸毁的宜都县圣庙(左)

◀被炸毁的远安县政府(右)

▲鄂城(今鄂州)被炸毁的民房

▲广济(今武穴)城内被炸毁的庙宇

▼被炸毁的大冶县城东街(左)

▼被炸毁的通山永济桥(中)

▼黄梅县政府被夷为平地(右)

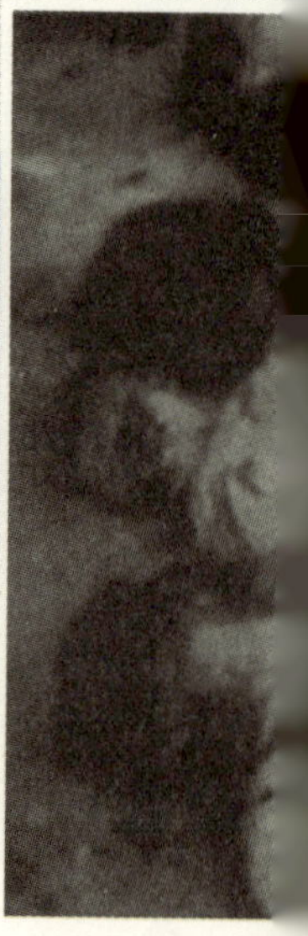

▲礼山(今大悟)县政府只剩残垣断壁(左)

▲郧西县城被炸死的平民(中)

▲面对家园被毁失声痛哭的孤儿寡母(右)

日本帝国主义在侵略湖北的过程中，始终以野蛮的恐怖手段施行殖民统治，在荆楚大地上制造了无数惨绝人寰的惨案。这里仅辑录其中一部分，从中可以看出日本侵略者是何等残酷，给湖北人民带来的灾难是何等深重。

▲日军第三十九师团第二三一联队在沙市屠杀平民掩埋后的骸骨

▲日军在当阳的杀人场。图为解放后当地农民在清理被害同胞遗骨

▼日军在宜昌修建的水牢

▲日军在当阳修建的碉堡

▼日军在当阳平板乡杀害和平居民9人。图为其中一人的骸骨

▼日军在黄陂刘店乡的杀人场

▲当阳河溶镇被日军杀害7人的遗骨

▲汉口市区无家可归的难民

◀被送往收容所的汉口难民

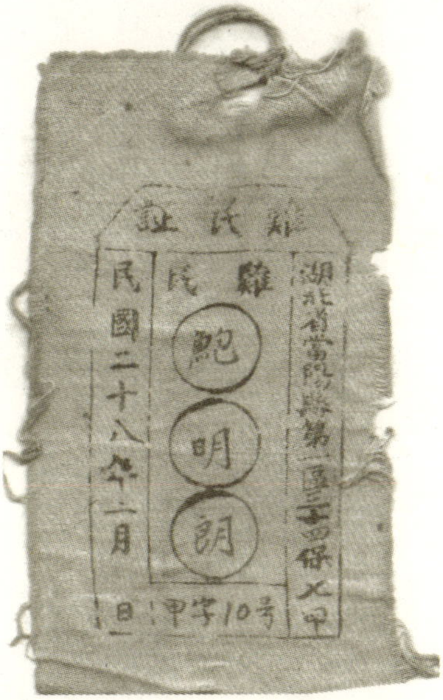

▲当阳县难民证

日军以法西斯暴力为后盾，成立汉奸政权组织控制社会，使沦陷区殖民地化。在占领区推行“皇民化”措施，建立学校传播日本文化，灌输民族分裂和亲日思想，用“大东亚共荣”的谎言奴化沦陷区人民。

▼日本领事馆（上）

▼日军汉口宪兵队本部（下）

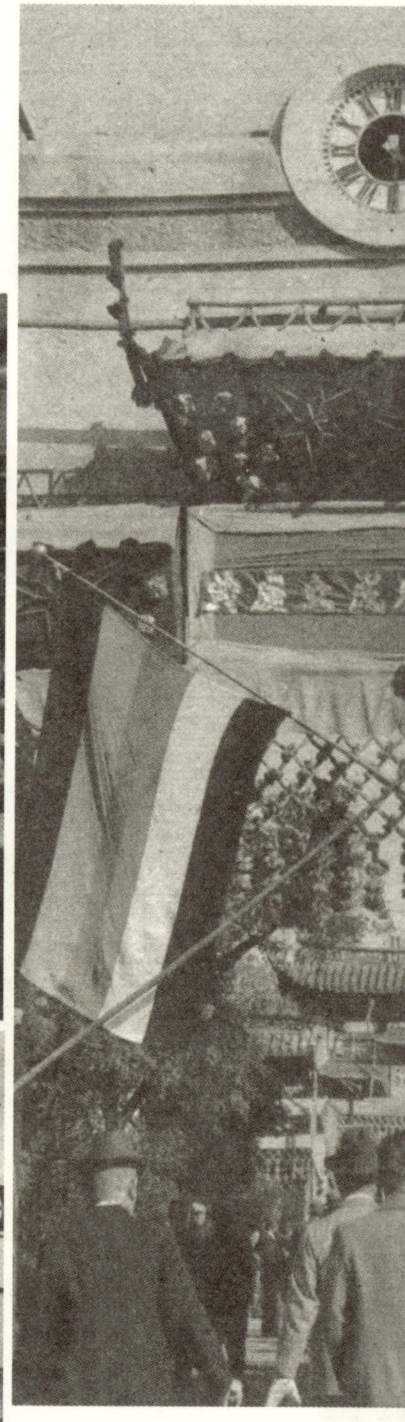

▲伪汉口特别市政府成立(上)

▲成立“汉口维持会”(下)

◀伪湖北省政府成立

▲成立"武昌治安维持会"(左)

▲成立"蒲圻(今赤壁)自治委员会"(右)

▲汉口街道充斥日本国旗

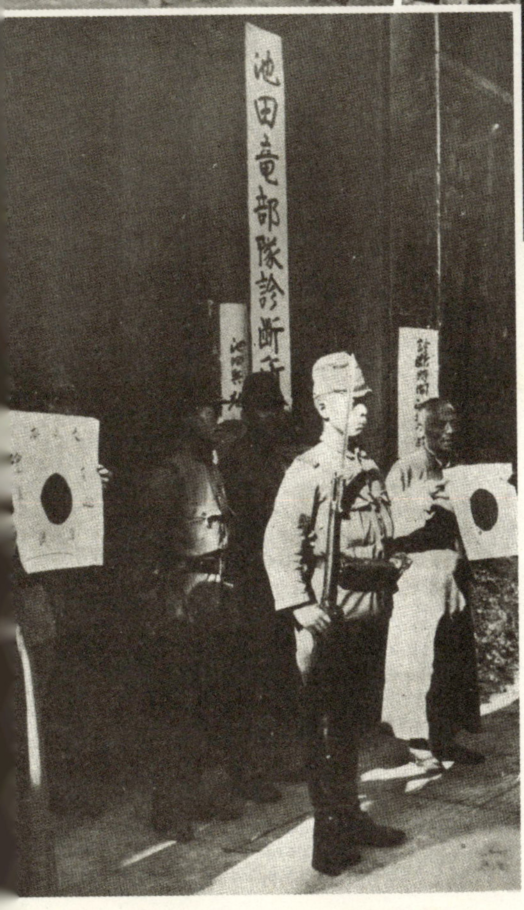

▲日军在汉口召开“建设东亚新秩序大会”

◀强迫市民手持日本国旗

▼汉口中山路上门口挂着“中日友好”字样招牌的一家商店

◀日本人在汉口开设的商店

▼日军在汉口街头张贴的布告

▼日军在汉口种植樱花树

▲日军在汉口的“神社”

▲日军在应山(今广水)开办的日本语学校

▼侵占蒲圻(今赤壁)的日军佐藤部队在体育场举办联欢会

▲一批湖北妇女被强迫充当随军慰安妇

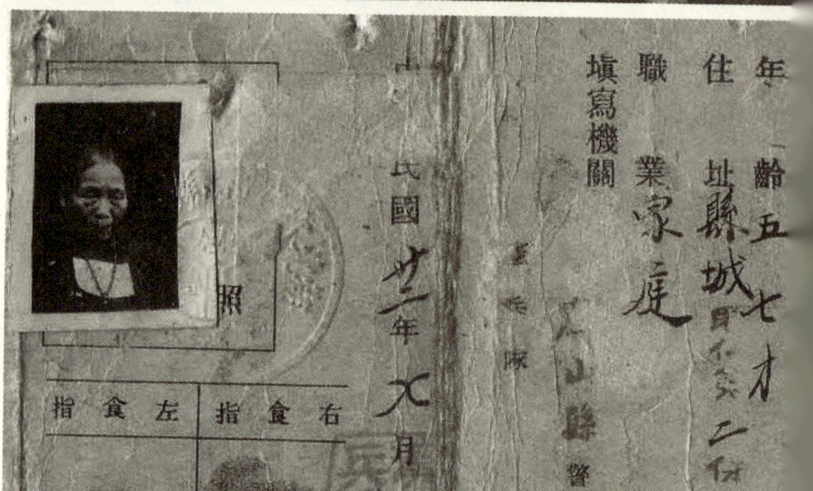

▲应山(今广水)居住证

▶京山良民证

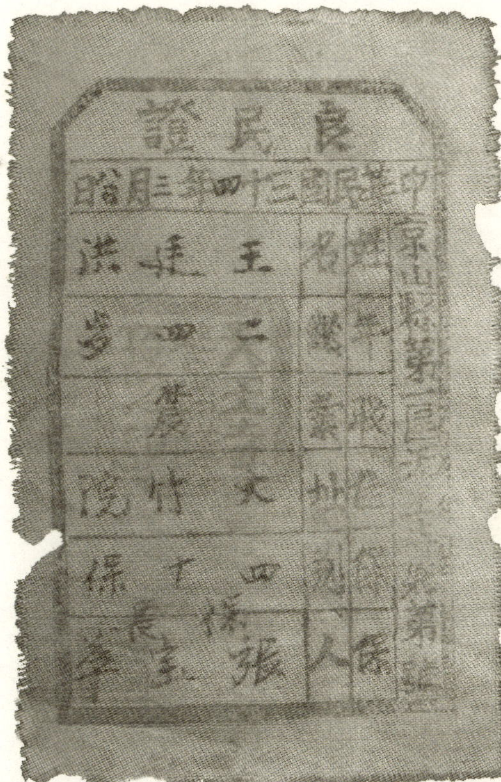

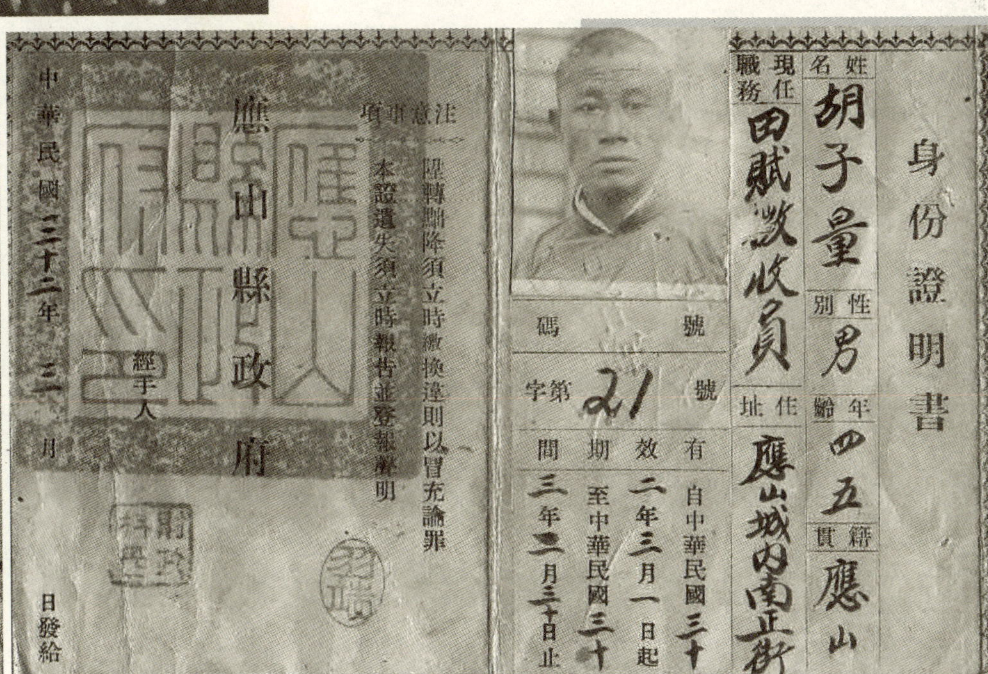

▲应山(今广水)身份证

日军疯狂掠夺湖北的资源。以大冶铁矿为例，1893 年正式投产，到 1944 年为止，共计生产铁矿石 2092.32 万吨，被日本掠走达 1550.8 万吨，占总产量的 74.17%。

▲日军在大冶铁矿

▼日军、汪伪钱币

大日本帝國政府
壹圓
1
{15}
808679

中央儲
ABC
壹萬圓
壹萬

大日本帝國政府軍用手票
拾圓
10

中央儲
442235A
伍圓
伍

百圓
100

据有关资料统计，抗战期间，湖北全省省营事业财产损失共计 48325 亿元，其中直接损失约计 46017 亿元，间接损失 2308 亿元。全省民营事业财产损失 5564 亿元，其中直接损失 1061 亿元，间接损失 4503 亿元。

湖北省抗战损失统计表

（1946 年 2 月）

	难民人数	人口伤亡	财产损失（万元）
总　计	9,845,460	928,956	7,423,419,196
汉口市	153,769	93,630	
武昌市	81,727	55,293	
汉阳市	54,168	7,684	
第一区	1,603,058	199,656	
第二区	1,779,471	116,497	
第三区	2,683,100	118,211	
第四区	1,998,982	144,479	
第五区	935,869	106,035	
第六区	506,929	80,321	
第七区		5,825	
第八区	48,387	965	

编者注：此表依据 1946 年 2 月湖北省政府社会处、统计室合编的《湖北省抗战损失统计》整理

第二编

砥柱中流 奋勇抗战

1937年7月7日，日本帝国主义发动全面侵华战争。中国共产党在中日民族矛盾上升为中国社会的主要矛盾的情况下，努力促成国共第二次合作，建立抗日民族统一战线，实现了全民族的团结抗战。

抗战之初，中共中央制定了持久抗战的战略方针和开展独立自主的山地游击战的军事战略。八路军、新四军向敌后挺进，创建抗日根据地，在敌后开展游击战争。中国共产党及其领导的人民武装力量成为抗日的中流砥柱。

▲1938年春，毛泽东同志在延安撰写《论持久战》

▼朱德同志在延安号召全军指战员将抗战进行到底

◀1937年12月18日，中共中央副主席周恩来抵达当时成为国民党统治区中心的武汉，为发展全民族团结抗战统一战线做出了巨大贡献

武汉成为全国抗日运动中心后，为发展长江流域和南方各省的抗日运动，中共中央决定在武汉设立中共中央长江局。长江局为这一时期抗战新局面的开创作出了历史性贡献，为党在国统区的工作奠定了基础，对国统区爱国民主运动的发展产生了深远影响。

◀1938 年 8 月，周恩来在汉口中共长江局

▶长江局负责人在一起研究时局

1937 年 10 月，国共两党达成协议，将南方 8 省 14 地区的红军、游击队改编为国民革命军陆军新编第四军（简称新四军）。中共中央长江局按照中共中央指示，负责新四军的组建工作。12 月 25 日，新四军军部在汉口大和街 26 号成立。新四军的组建，给长江南北抗日主战场注入了一支生力军，为华中抗日根据地的建立奠定了基础。

▲ 1938 年 1 月，新四军军长叶挺（中）、副军长项英（右二）、参谋长张云逸（右四）和曾山（右一）、傅秋涛（右五）在汉口新四军军部合影

▲抗战初期，中共中央长江局负责人与新四军负责人在八路军武汉办事处。左起：张云逸、叶剑英、王明、秦邦宪、周恩来、曾山、项英

▲1938 年春，周恩来和郭沫若（左三）、叶剑英(左四)同从抗日前线来到武汉的八路军副总指挥彭德怀在火车站合影

▼1937年12月，中共湖北省委创办应城汤池训练班，为党培养了近600名抗日干部，成为中共湖北地方组织在鄂中发动武装抗战的重要战略支点，被称为湖北的“小延安”。图为汤池训练班部分师生在驻地合影

▼八路军武汉办事处外景

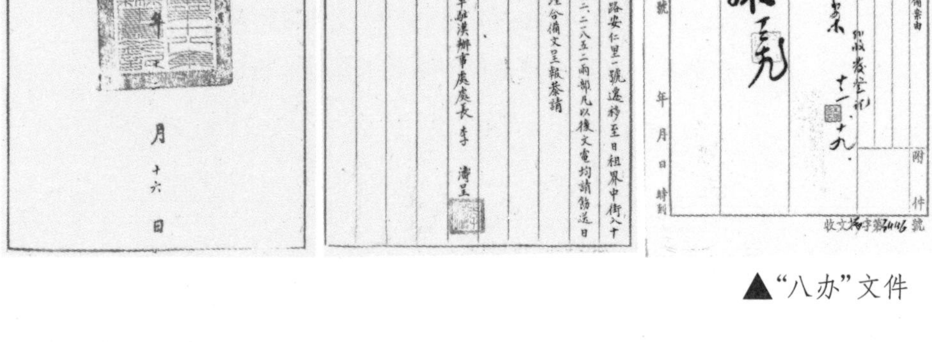

中華民國 六年 月 十六 日

案查職處已於本月十四日由府南一路安仁里一號遷移至日租界中街八十九號新址辦公并有自動話二八四二、二八五二兩部凡以後文電均請飭送日租界中街八十九號新址除分行外理合備文呈報恭請鑒核備案施行謹呈

委員長武漢行營主任何

第十八集團軍駐漢辦事處處長 李濤呈

第十八集團軍駐漢辦事處 呈 委員長武漢行營主任何

事由	擬辦	批示	備考
呈為本處移址辦公請備案由	准予備案		

附件

呈 字第 號 年 月 日 時刻

收文漢字第2446號

▲“八办”文件

▼1938年，中共湖北地方组织在黄安（今红安）七里坪开办抗日干部培训班和党员培训班，成为鄂东地区发动敌后抗日游击战争、建立抗日民主根据地的战略支点。图为七里坪秦氏祠堂训练班旧址

▼1939年，中共湖北省委负责人陶铸（左三）、杨学诚（左四）等人合影

武汉沦陷后，中共中央派遣李先念率新四军豫鄂独立游击大队南下湖北，建立抗日根据地。从此，鄂豫边区的抗日武装由小到大，由弱到强，由分散到统一，成长壮大为新四军第五师。抗日战争期间，新四军第五师发展到 5 万余人，歼灭日伪军 4.3 万人，解放了横跨鄂豫皖湘赣 9 万平方公里的国土和 1300 万人口，成为中原抗战的中流砥柱，为中华民族的抗战胜利作出了重要贡献。

▲1938 年春，鄂豫皖及鄂豫边红军改编为新四军第四支队，挺进抗日前线

▶1940 年 1 月，新四军鄂豫挺进纵队成立，李先念任司令员，朱理治任政治委员。图为边区党和军队主要负责人在京山合影。前排左一为朱理治，中为陈少敏，右为李先念，后排：郑绍文、刘少卿

◀新四军五师政治部所在地——大悟县芳畈镇白果树湾

▼1940年初，李先念率新四军豫鄂挺进纵队进入鄂中地区积极抗战(上)

▼1941年4月5日，鄂豫挺进纵队改编为新四军第五师，李先念于随县九口堰通电就职(下)

▼1941 年 12 月，新四军五师在武汉西郊发起侏儒山战役，形成西面对武汉的战略包围，是新四军第五师成立以来规模最大、战果最丰厚的一次战役。图为被俘的伪军一部

▲▶1941 年，豫鄂边区根据地为阻止日伪、汪伪货币在根据地的流通，减少群众损失，应对当时艰苦条件下对日作战经济上的需要，创建了豫鄂边区建设银行并发行货币

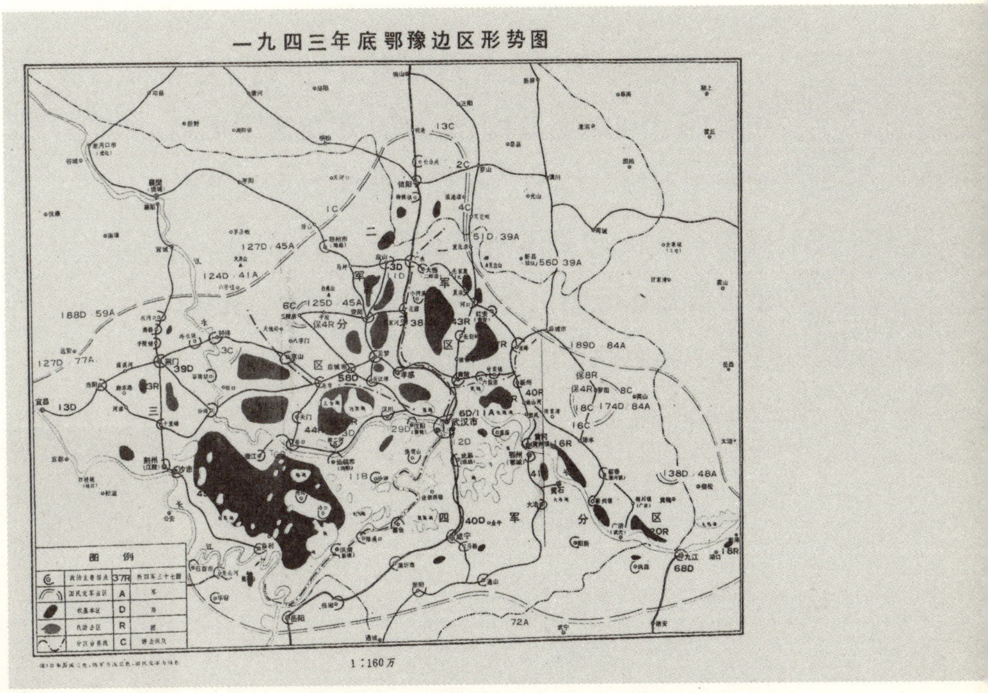

▶1943 年底鄂豫边形势图

▼新四军五师战士开荒生产

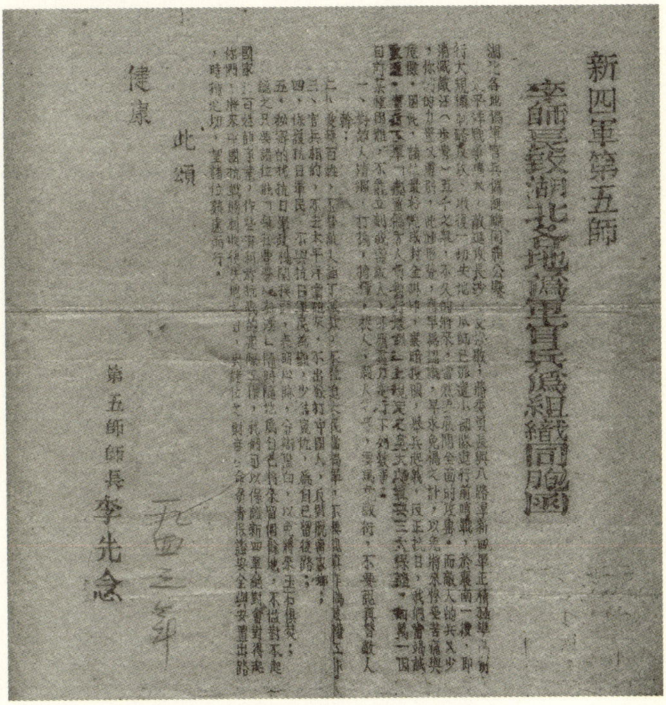

新四軍第五師

師長致湖北各地僞軍官兵僞組織同胞函

……

健康

此頌

第五師師長李先念

一九四三年

▲1943 年新四军五师师长李先念致湖北各地伪军官兵、伪组织同胞函

据资料统计，截至 1943 年 6 月，日军在华中有 14 个半师团、24 万人，新四军抗击了 47%。新四军五师共抗击了日军 3 个半以上的师团，共约 6 万人，分别占侵华日军总兵力的 10%，占全国解放区战场抗击日军总数的 17%，占日军在华中兵力的 25%，占武汉地区日军的 48%。

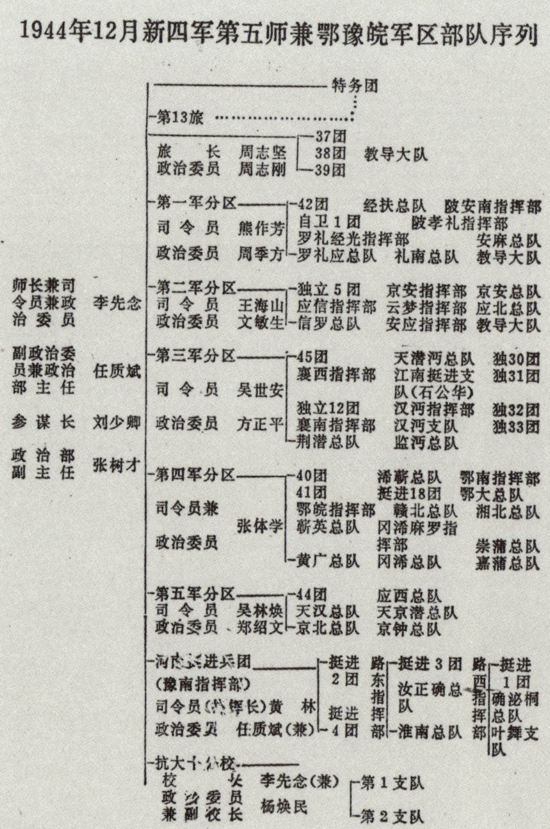

▲1944 年 12 月新四军第五师兼鄂豫皖军区部队序列

▲1944 年中共鄂豫边区负责人陈少敏、郑位三、李先念在湖北大悟山(上)

▲1945 年 1 月，三五九旅南下支队与五师胜利会师。前排左起：任质斌、王首道、王震、陈少敏、李先念(下)

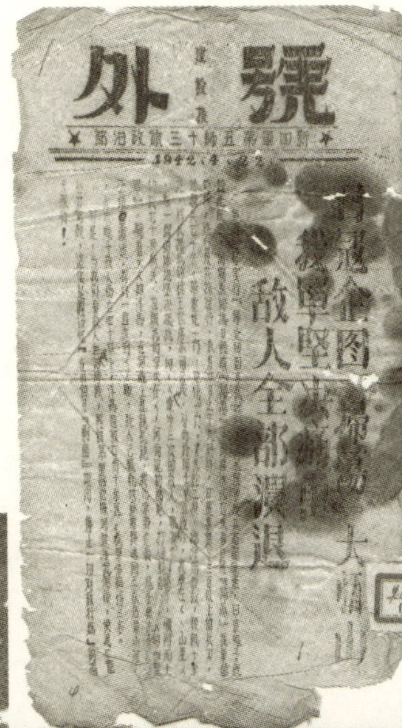

號外

建設報

新四軍第五師十三旅政治部

敵人全部潰退

▶五师十三旅《建设报》号外

▼五师某部机枪连(上)

▼新四军某部战士(下)

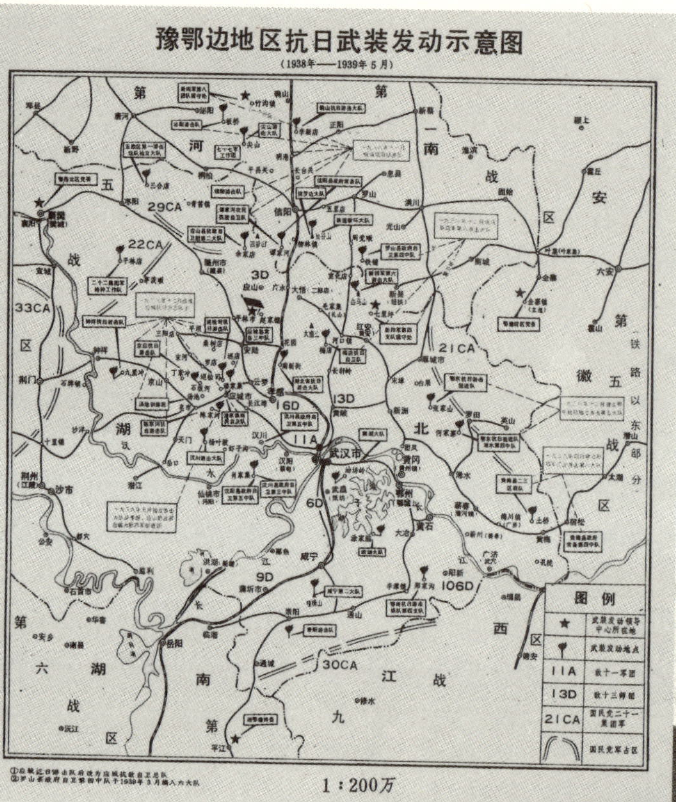

◀鄂豫边地区抗日武装发动示意图

▶活跃在敌后坚持抗战的新四军一部

▶华中根据地人民抗日武装

1938 年 7 月，武汉会战进入紧张阶段。在周恩来、郭沫若倡议和主持下，武汉各界为保卫大武汉而掀起献金运动热潮，5 天时间里共有 100 万人次参加献金，几乎相当于武汉市全市人口，献金总数达 100 万元。

▲中国共产党献金团进行宣传

◀汉口的一家孤儿院响应献金活动，将义卖报纸所得捐给国家

◀武汉儿童宣传献金救国

▶汉口市民踊跃献金

▶中共湖北省委负责人董必武在抗日群众集会上

▶1938年1月11日，中国共产党在国民党统治区公开发行的唯一报纸《新华日报》在武汉创刊

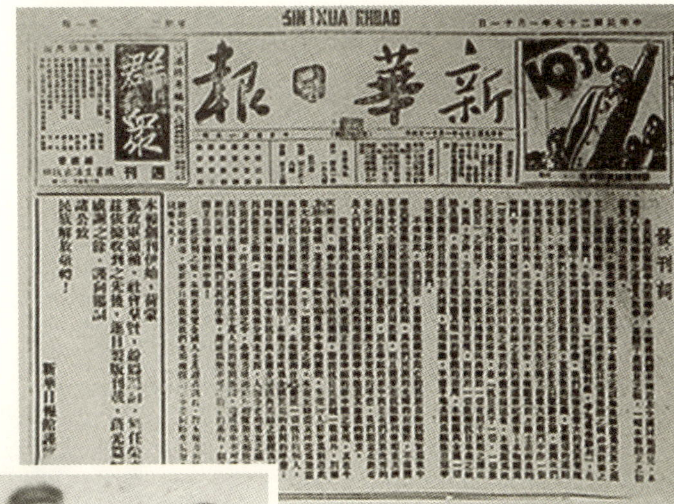

新華日報

發刊詞

▼国民政府军事委员会政治部第三厅组织了10个抗敌演剧队，4个抗敌宣传队和两个孩子剧团，分赴各地进行抗日宣传。图为“孩子剧团”部分成员在武汉“八办”合影

▼1938年3月27日，全国文艺界抗敌协会在汉口成立。前排第5人为日本反战作家鹿地亘

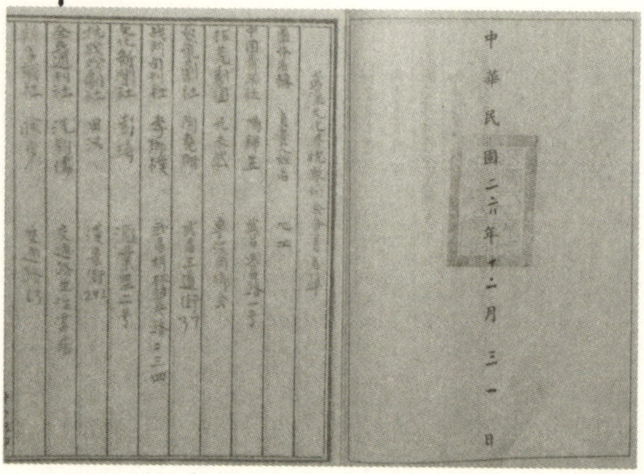

中華民國二六年十二月三一日

◀武汉抗敌协会会员名单

▼武汉成为全国抗战中心，国共开始第二次合作，举国掀起全民抗战的高潮。国民政府军事委员会在武汉成立训练团，培养战时所需干部

▼1938 年前后，武汉成为中国著名爱国知识分子汇聚之地。图为 1938 年 7 月，著名爱国民主人士沈钧儒，积极响应中共中央《八一宣言》的号召，在武汉郊外对学生讲述救国救民的道理

▲1938年3月，汉口街头开展声势浩大的抗日救亡运动

▼1938年，武汉举行“武汉市拥护国联援华制日运动大会”

◀武汉市民举行保卫大武汉游行

▶武汉军民召开抗战誓师大会

◀一名女青年动员民众保持最后胜利的信心

▲“抗日救国”成为湖北人民的呼声和奋斗目标。图为1938年湖北妇女、儿童积极为抗日前线将士赶做寒衣

▼葛店召开抗敌宣传大会

▲黄陵矶召开抗敌宣传大会

◀金口召开抗敌宣传大会

▶阳逻召开抗敌宣传大会

▶老河口市民参加献金运动，支援抗战

▲鼓舞人民抗日斗志的宣传画

▼老百姓观看抗战宣传展览

中国人民的抗日战争得到了世界各国人民的广泛同情和大力支持。苏联派遣空军志愿队到中国参加抗日战争，与中国空军一起打击了日寇的嚣张气焰。库里申科等100多名指战员献出了宝贵的生命，其中15位烈士的遗骨安葬于武汉。中国人民和所有热爱和平的人民永远铭记这些国际友人的历史功绩。

◀1938年，周恩来、邓颖超与美国进步作家斯诺摄于武汉珞珈山

◀加拿大共产党员诺尔曼·白求恩途经武汉时受到热情款待

▶▼武汉保卫战期间，海外华侨捐献给中国军队的汽车及枪支

▶ 援华苏联空军志愿队队长库里申科(左一)在武汉王家墩机场

▼ 1938 年 2 月 18 日，中国空军击落空袭武汉的日机 12 架。图为参战的空军将士

▼被击落的日机残骸在汉口中山公园展出

▲中共代表董必武、邓颖超慰问武汉空战中作战有功的中国空军将士

▶1938年5月20日，中国空军远征日本，撒下100万份传单。图为胜利归来的空军第十四中队长徐焕升

1938年6月12日至10月27日，中国军队与日军进行了武汉会战。会战从日军攻占安庆开始到武汉失守为止，历时4个半月，中国军队共毙伤敌近4万人。武汉会战使日本的战略进攻被迫停止，中国抗日战争开始进入战略相持阶段。武汉会战期间，中国共产党提出了一系列战略建议，指示八路军、新四军给予了有力配合。

▲蒋介石在武汉大学检阅参加武汉会战的部队

▲1938年3月29日，国民党在武昌召开临时全国代表大会，决定抗战建国方针。图为大会会场——武汉大学

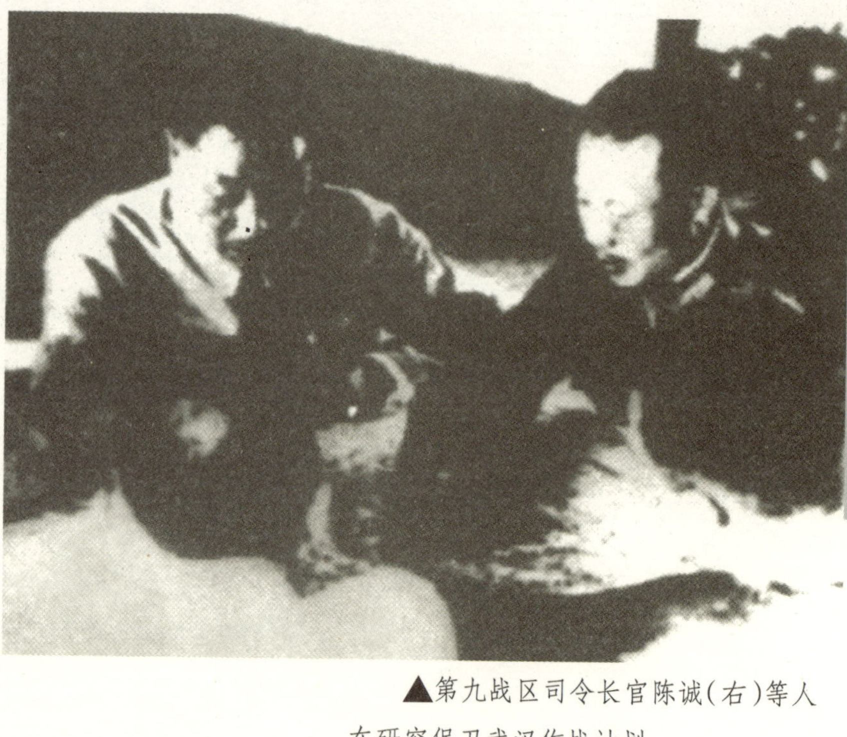

▲第九战区司令长官陈诚（右）等人在研究保卫武汉作战计划

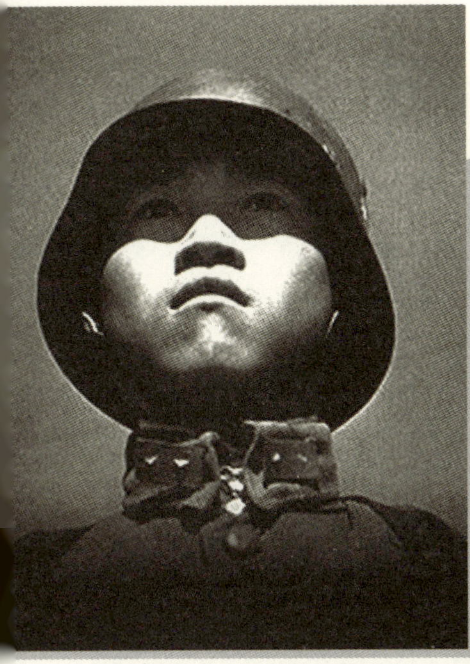

▲1938年，汉口的中国少年兵挺身为国。这张照片刊登于美国《生活》杂志，由法国摄影家CAPA拍摄，引起国际社会强烈反响

▼1938年3月，汉口街头的中国军人呼喊抗战口号

▲沿粤汉线陆续北上参加武汉会战的中国军队

◀中国军队从江苏一带紧急调往武汉

▼奔赴前线的中国军队某部第三十一旅

▲中国军队为阻止日军溯江而上在半壁山要塞布下水雷

▶中山舰，原名永丰舰，因经历“讨袁护法”、孙中山广州蒙难、“中山舰事件”而闻名。1938年10月24日，在6架日机轮番轰炸下，在武汉保卫战中担负阻击日军溯江西进任务的中山舰，沉没于武昌金口水域。舰长萨师俊及25名官兵壮烈殉国

▶武汉保卫战中严阵以待的中国军队士兵(上)

▶中国军队士兵向日军猛烈射击(中)

▶武汉空战中的中国空军(下)

▲武汉保卫战中,中国守军用高射机枪扫射日军飞机

▲武汉保卫战中，中国军队向日军发射迫击炮

▶勇猛反击的中国军队(上)

▶在大别山(今龟山)奋勇阻击日军的中国军队(下)

▼武汉外围战中与日军激战的中国军队(上)

▼沿江防守的中国军队(下)

▼1940年4月15日，第五战区将领在湖北老河口合影。左二黄琪翔，左三张自忠，左四李宗仁，左五孙连仲，左六汤恩伯

▼守卫武昌的中国军队炮兵部队

▲守卫汉口的中国军队

▲封堵汉口城门，抵御日军进攻

▶1943年，中国军队第六战区部队赶赴湘鄂西山地通往江汉平原的咽喉之地渔洋关

▶武汉会战后，进入湖北边山区进行战斗的中国军队

▲鄂西战役战中，中国军队突入日军阵地(上)

▲鄂西战役中，中国军队冒着炮火投入战斗(下)

▶白云寺地区的游击战士出征杀敌(上)

▶中国军队在通城搜剿残敌(下)

▼参加随(县)枣(阳)战役的中国军队士兵(上)

▼在襄阳抗击日军的中国军队(下)

▼德械装备的中国军队收复枣阳

▼中国军队收复被日军占领的襄阳

▲参加随(县)枣(阳)战役的中国军队官兵庆贺胜利

隨棗會戰

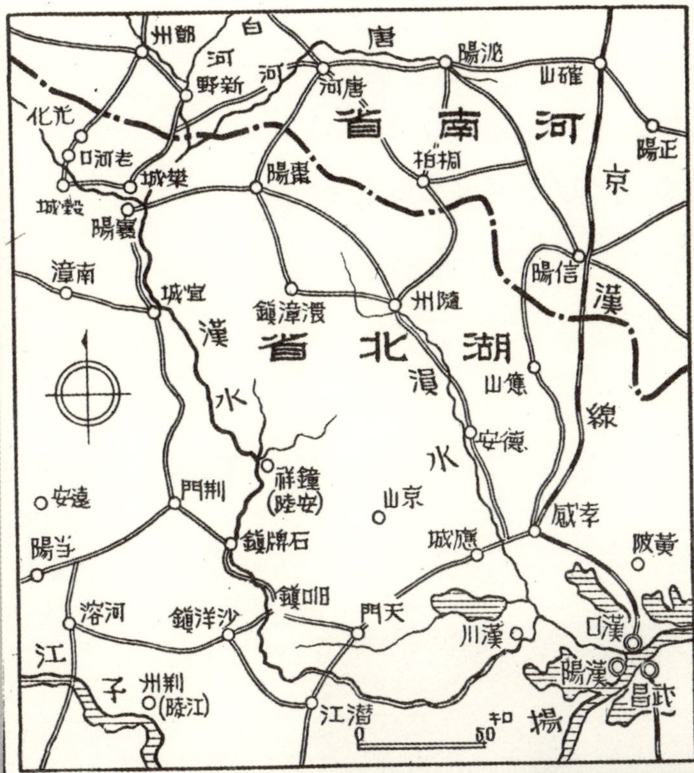

襄東附近圖。

◀随(县)枣(阳)会战地图

▲收复枣阳等失地后中国军队庆祝胜利

▶中国军队嘉奖收复枣阳、新野等失地作战有功人员

1940年5月，日军集结10万主力，发动枣宜战役，第三十三集团军总司令张自忠率部与日军第十三师团浴血奋战，壮烈殉国，成为中国抗日战场牺牲的级别最高的军事指挥官。中华人民共和国成立后，中央人民政府追认张自忠将军为革命烈士。

▼张自忠上将戎装像

▼位于湖北宜城襄河东岸十里长山张自忠殉难处所建纪念碑（右为张自忠之女）

▶陆军第九十二军司令部颁发的《出征抗敌军人家属证明书》。其中标明凭此证书“享受优待出征抗敌军人家属条例所规定之一切权利”。当时，第九十二军驻守于湘鄂一带，参加中国人民抗日战争的最后一次会战——湘西会战（左）

▶第九战区布告（右）

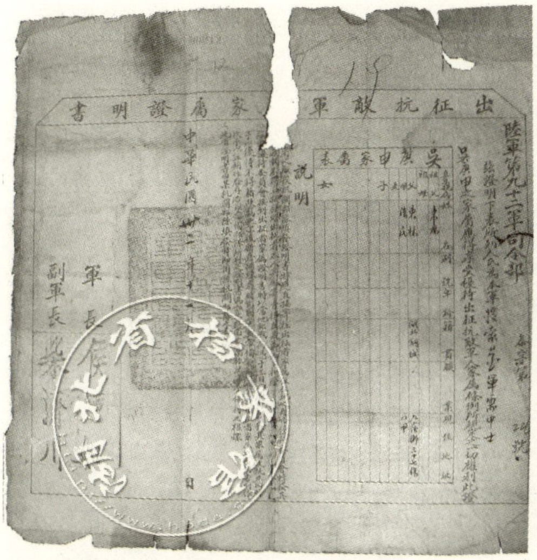

出征抗敵軍人家屬證明書

陸軍第九十二軍司令部

說明

中華民國

軍長

副軍長

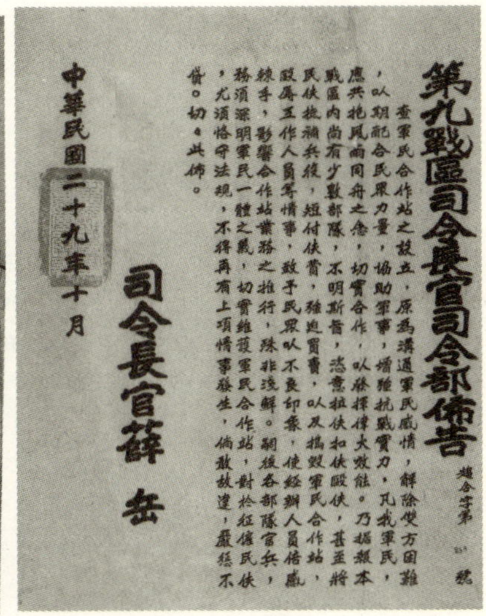

第九戰區司令長官司令部佈告

查軍民合作站之設立，原為溝通軍民感情，解除雙方困難，以期配合民眾力量，協助軍事，增強抗戰實力，凡我軍民，應共抱風雨同舟之念，切實合作，以發揮偉大效能。乃據報本戰區內尚有少數部隊，不明斯旨，恣意拉伕扣伕毆伕，甚至將民伕拉補兵役，短付伕費，強迫買賣，以及搗毀軍民合作站，毆辱工作人員等情事，致予民眾以不良印象，使經辦人員倍感棘手，影響合作站業務之推行，殊非淺鮮。嗣後各部隊官兵，務須深明軍民一體之義，切實維護軍民合作站，對於征僱民伕，尤須恪守法規，不得再有上項情事發生，倘敢故違，嚴懲不貸。切。此佈。

司令長官薛岳

中華民國二十九年十月

武汉会战打破了“日军不可战胜”的神话，粉碎了日寇速战速决的美梦。中国军队的顽强抵抗，迫使侵略者付出了惨重代价，消耗了日军的有生力量，改变了整个中国抗战的进程。

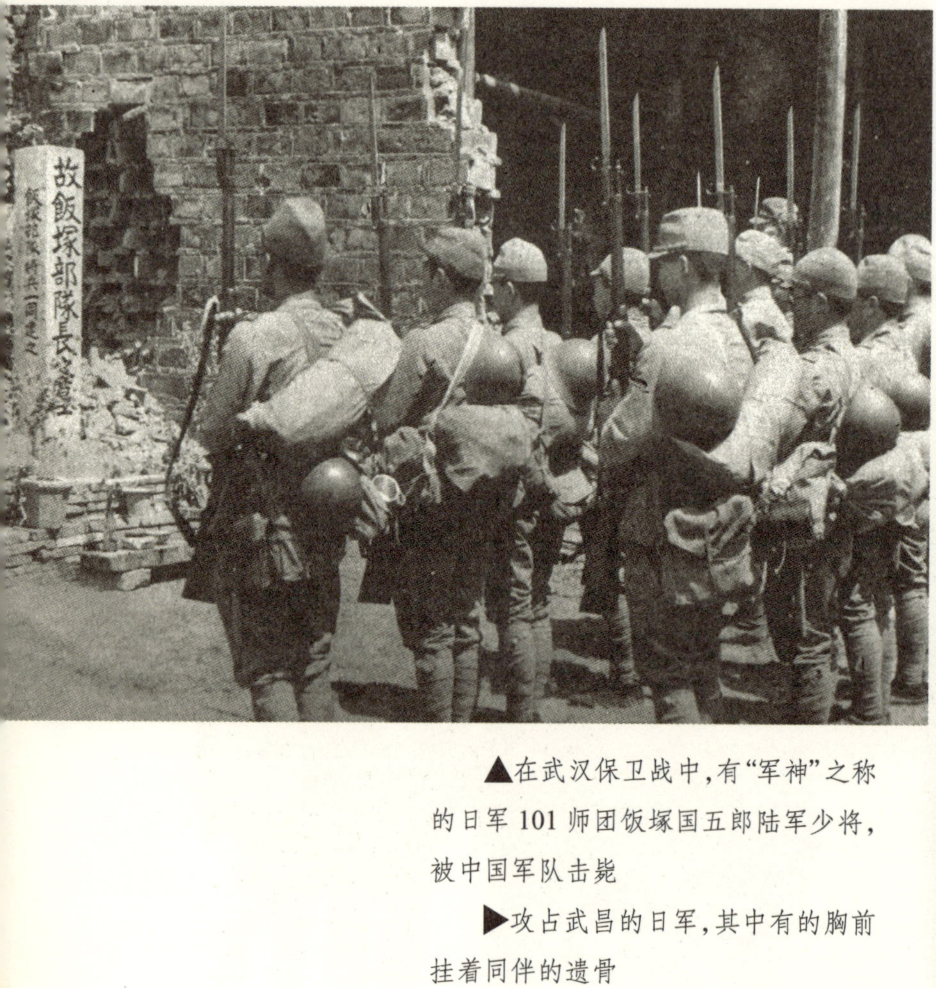

▲在武汉保卫战中，有“军神”之称的日军 101 师团饭塚国五郎陆军少将，被中国军队击毙

▶攻占武昌的日军，其中有的胸前挂着同伴的遗骨

▼武汉外围战中受伤的日军军官

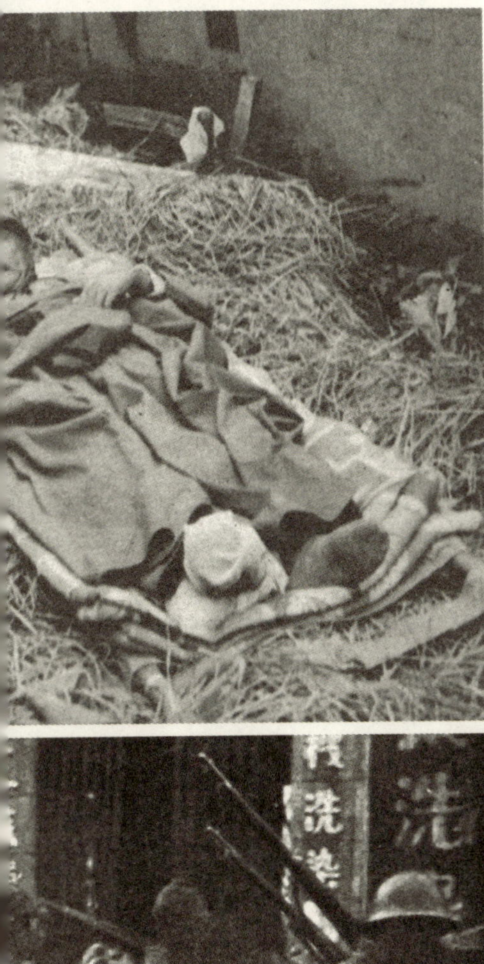

▲在大别山参加武汉会战的日军，胸前的饭盒里装着同伴的遗骨

▼经过黄鹤楼的日军，其中第三、第六人，携带着同伴的遗骨

◀日军在安葬死者

▼在湖北军民的英勇抗击下，到处是侵略者的坟墓

▲日军墓地

第三编

铁证如山 历史审判

1945 年 9 月 9 日，中国战区日军投降签字仪式在南京黄埔路陆军总司令部举行。随着侵华日军总司令冈村宁次在投降书上签上名字，中国人民终于赢得了八年抗日战争的胜利。

多行不义必自毙。日本战败投降后，同盟国为了严惩犯下滔天罪行的日本战犯，设立军事法庭对日本战犯进行了正义的审判，严惩了日本战犯，伸张了正义和公理。中国作为最大的受害国也设立了审判日本战犯和汉奸的军事法庭，严惩了一批日本战犯和汉奸，告慰九泉之下所有死难者。

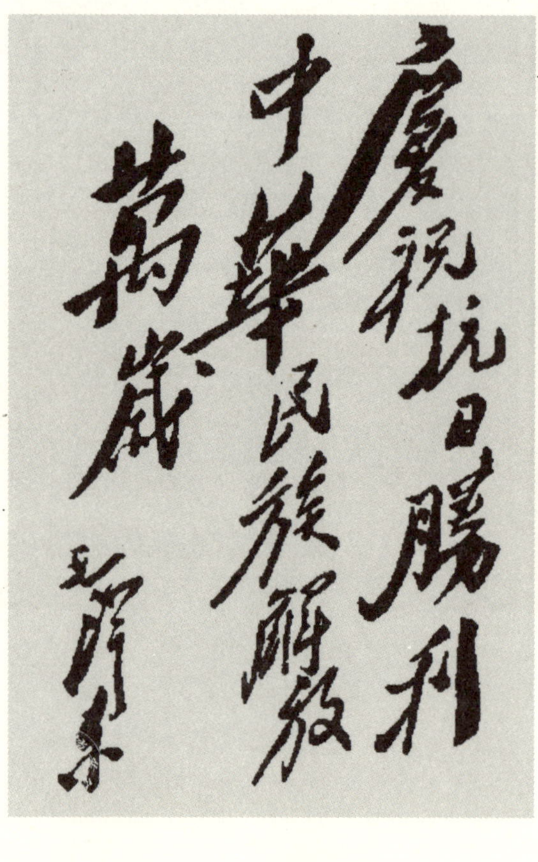

▶1945 年 9 月，毛泽东同志为抗战胜利题词

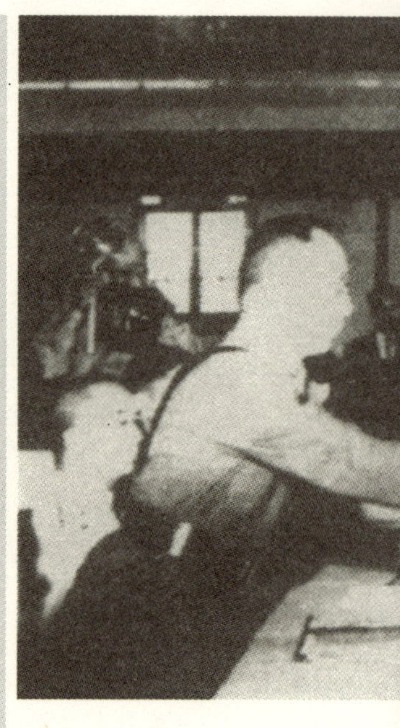

◀1945年9月2日，日本投降仪式在东京湾的美国战列舰“密苏里”号上举行,日方代表登船签字

▼日本陆军参谋总长梅津美治郎在投降书上签字(上)

▼1945年9月9日上午9时，在南京陆军总部举行中国战区日本投降签字仪式(下)

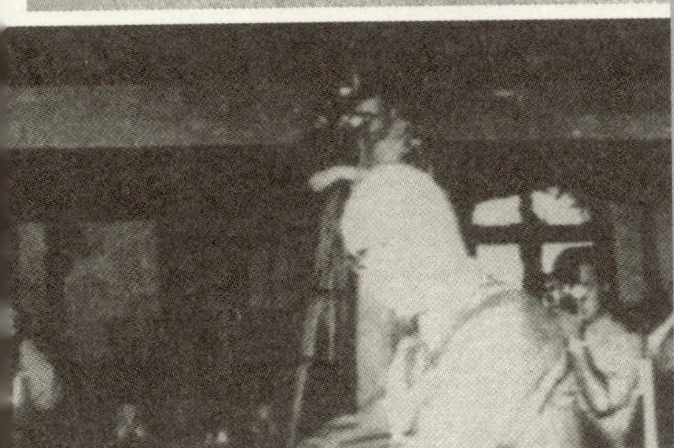

▲侵华日军总参谋长小林浅三郎(右)向中国陆军总司令何应钦呈递投降书

▲日本中国派遣军总司令冈村宁次递交降书

▶日本中国派遣军总司令冈村宁次在投降书上签字，宣告130多万侵华日军投降

◀日军向中国军队缴械投降

▼日军炮兵部队缴械投降

▼1945年8月11日，鄂豫皖军区暨新四军第五师发出的《对日本驻军通牒》

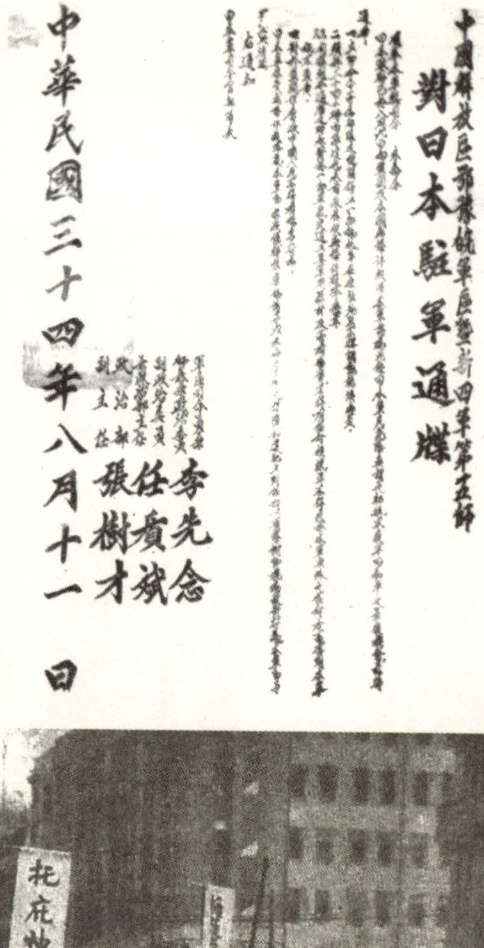

中國解放區鄂豫皖軍區暨新四軍第五師

對日本駐軍通牒

李先念

任質斌

張樹才

中華民國三十四年八月十一日

▲日本投降后，在武汉集结接受中国军队检查的日军

▶湖北各地举行声势浩大的游行活动，庆祝抗日战争的伟大胜利。图为汉口人民庆祝抗战胜利

▶武汉受降纪念碑

▼1945年9月18日，第六战区在汉口中山公园举行隆重签字仪式，接受日军第六方面军投降。日军代表四人被摘除兵器后步入武汉中山公园“受降堂”

◀第六战区受降官孙蔚如与日方代表冈部直三郎在“受降堂”签字

1946年5月3日，中国、苏联、美国等11个国家组成的远东国际军事法庭在东京对28名日本甲级战犯进行了审判。同时，国民政府国防部审判战犯军事法庭也对日本战犯进行了审判。

▲东京审判被告席上的日本战犯

▶东京审判

▶国民政府国防部审判战犯军事法庭外景

▼审判战犯冈村宁次

1956年6月9日，中华人民共和国最高人民法院特别军事法庭在沈阳对日本战犯进行审判。

◀中华人民共和国最高人民法院特别军事法庭外景（沈阳，1956年）

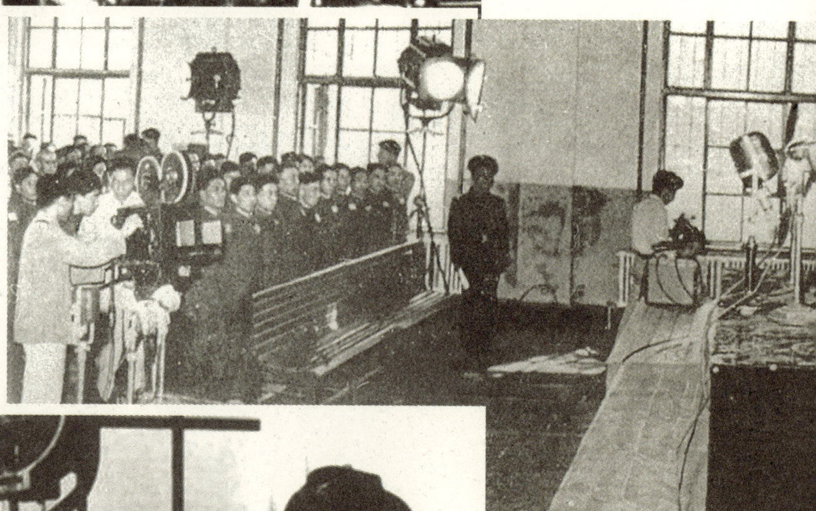

▶中华人民共和国最高人民检察院军法少将王之平向战犯宣读审判书

◀1956年6月19日，中华人民共和国最高人民法院特别军事法庭在沈阳对战犯佐佐真之助、鹈野晋太郎等进行审判，依法判处13—20年不等的刑期

被告人佐佐真之助，1893 年生，日本福冈县人。日本帝国主义侵华期间，历任少佐大队长、大佐联队长、少将和中将参谋长、中将师团长。

1945 年 3 月，被告人以师团长身份，指挥命令所属部队在湖北省襄阳、樊城、南漳等地区进行侵略作战时，杀害和平居民 90 余人，其中，将妇女、儿童和老人 12 人残酷地绞死。在王家营村把和平居民 18 人以铁丝穿连手心，用刺刀全部刺死。在襄樊市将和平居民 30 余人用铁丝拴缚推入河中，28 人被淹死。纵容部下强奸、轮奸妇女多名，有的被轮奸致死。1944 年 12 月至 1945 年 3 月，被告人以师团长身份，命令所属部队在湖北省当阳、钟祥、荆门、襄阳、樊城等地强征和平居民从事军事性劳役达 2 万余工日，并且进行残酷的虐待。仅在钟祥、荆门强征的 200 余人中，虐待致死的就有 60 余人。

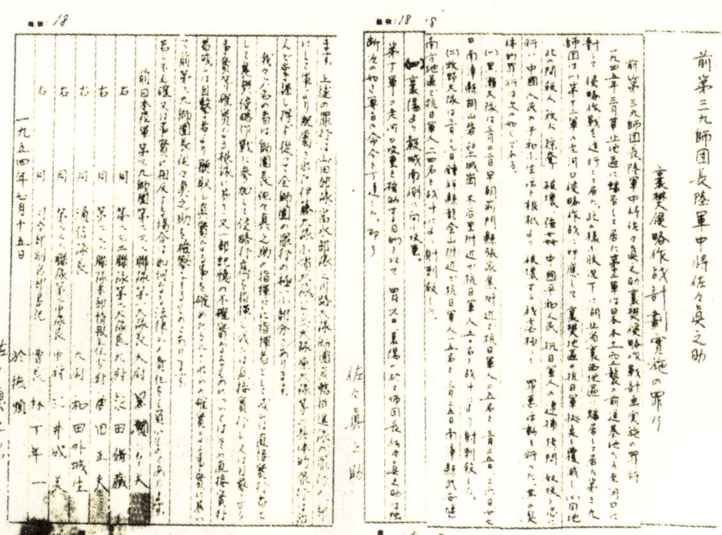

前第三九師団長陸軍中将佐々真之助
襄樊侵略作戦計画実施の罪行

▲被告人佐佐真之助，前日本陆军第39师团中将师团长，被判处有期徒刑 16 年

▶被告人佐佐真之助在法庭上

▲被告人佐佐真之助的旧部柴田修藏等 6 人揭发其在侵略湖北襄樊期间杀害和平居民90余人的材料

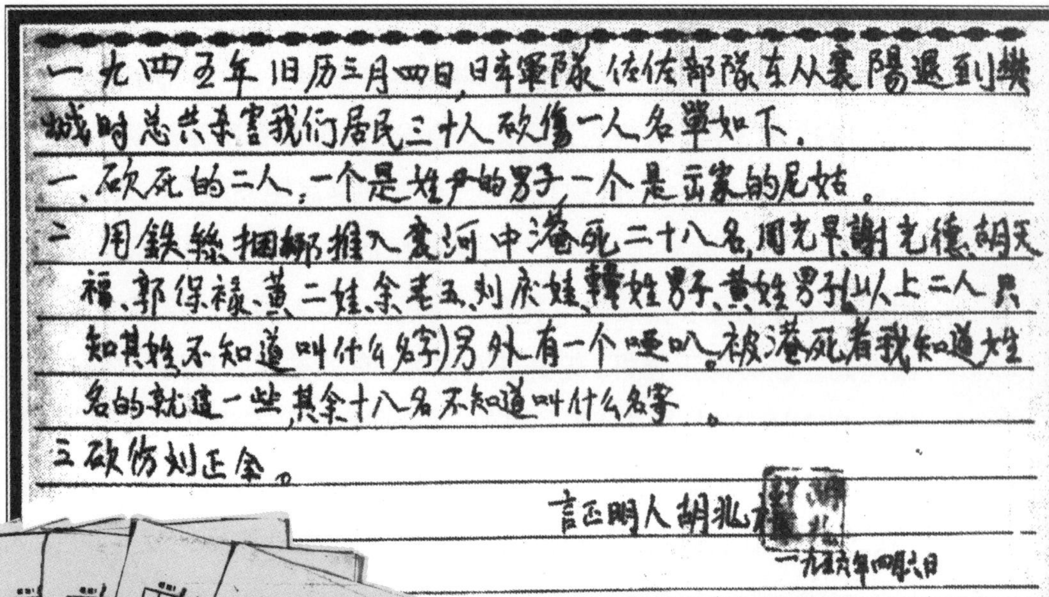

一九四五年旧历三月四日，日本軍隊佐佐部隊在从襄陽退到樊城时总共杀害我们居民三十人砍伤一人名单如下。

一、砍死的二人，一个是姓尹的男子一个是王家的尼姑。

二 用鉄絲捆綁推入襄河中淹死二十八名，周光早、謝光德、胡天福、郭保禄、黄二娃、余老五、刘庆娃、韓姓男子、黄姓男子（以上二人只知其姓不知道叫什么名字）另外有一个哑叭。被淹死者我知道姓名的就这一些，其余十八名不知道叫什么名字。

三 砍伤刘正全。

证明人胡兆祥

一九五六年四月六日

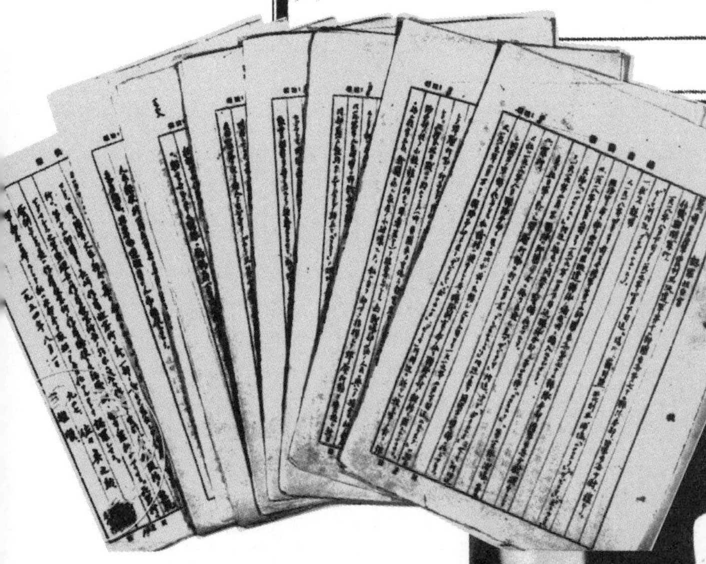

▲襄樊市居民胡兆祥控诉佐佐真之助将中国和平居民30余人用铁丝捆绑推入河中，淹死28人的控诉材料

◀佐佐真之助的认罪书

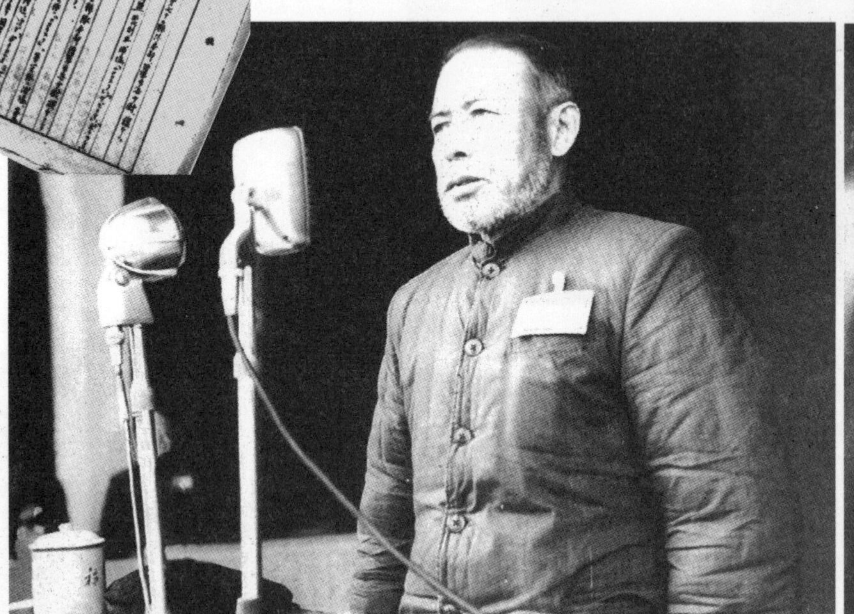

▲佐佐真之助在学习总结大会上发言

被告人鹈野晋太郎，日本广岛县人。日本帝国主义侵华期间，历任日军大队情报宣抚主任、联队本部俘虏系中尉等职。

1943 年 3 月至 12 月，被告人以第二大队情报宣抚主任的身份，在湖北省当阳、松滋等县对被俘人员 6 人、和平居民 2 人用灌凉水、压杠子、吊打等酷刑，逼取情报，7 人被折磨而死，另有一人由被告人亲自捆住手脚推入河中淹死。1943 年 4 月在湖北省宜昌县杀害被俘人员 7 人。1944 年 4 月至 12 月，被告人以联队本部情报宣抚主任的身份，在当阳县亲自砍杀被俘人员 3 人、和平居民 12 人。1943 年 6 月至 1945 年 5 月，被告人在管理湖北省当阳县“俘虏收容所”期间，先后对被俘人员 200 余人实施残酷的虐待和奴役，55 人被虐待致死。1944 年 11 月将被俘人员 2 人砍死，并指使军医静脉注射空气杀害和平居民多人。

▲鹈野晋太郎在法庭上受审

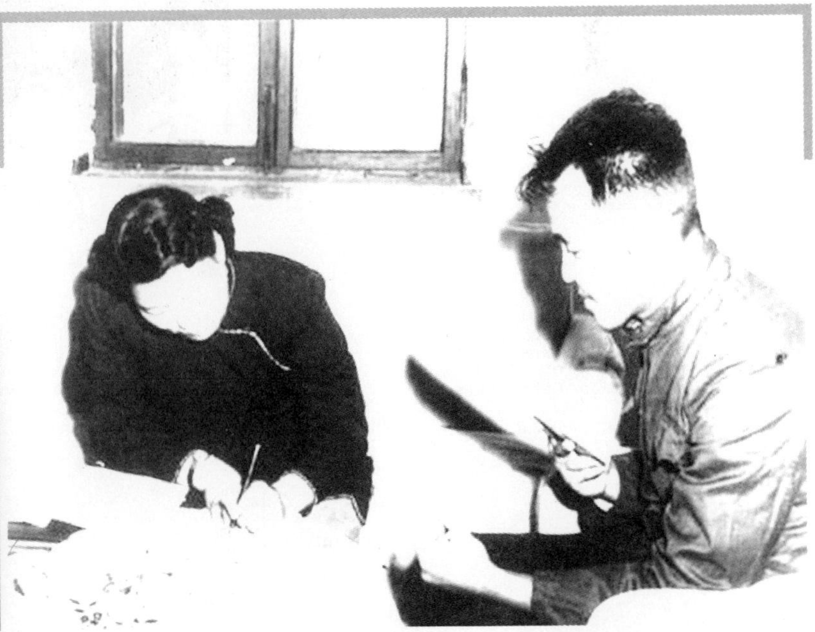

▲被告人鹈野晋太郎向辩护人陈述案情

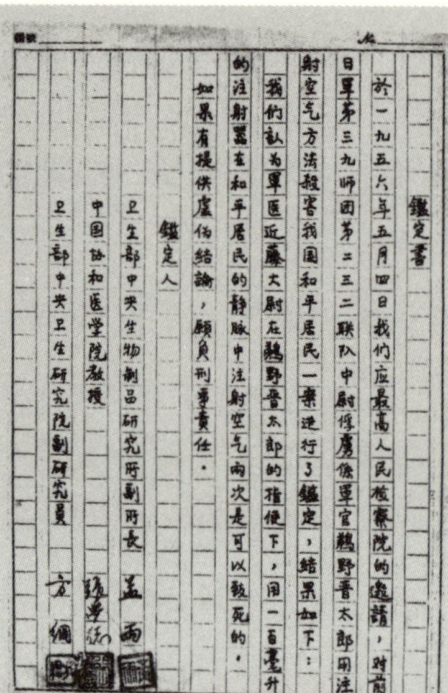

鑑定書

於一九五六年五月四日我们应最高人民检察院的邀請，对前日軍第三九师团第二三二联队中尉俘虏係軍官鵜野晋太郎用注射空气方法殺害我国和平居民一案进行了鑑定，結果如下：

我们认为軍医近藤大尉在鵜野晋太郎的指使下，用一百毫升的注射器在和平居民的静脉中注射空气两次是可以致死的。

如果有提供虚伪結論，願負刑事责任。

鑑定人

卫生部中央生物制品研究所副所長 孟雨

中国协和医学院教授 [illegible]

卫生部中央卫生研究院副研究員 方纲

▲被告人鹈野晋太郎指使军医静脉注射空气杀人一案的鉴定书

▲军事法庭审判战犯

◀鹈野晋太郎在会见母亲
：“见到您我马上想到被我
的中国人民再也见不到母
，非常悲哀！我亲手杀了十
无辜的生命，无论根据什么
都该判处死刑，只有中国人
救了我的生命。”

▶军事法庭审判战犯

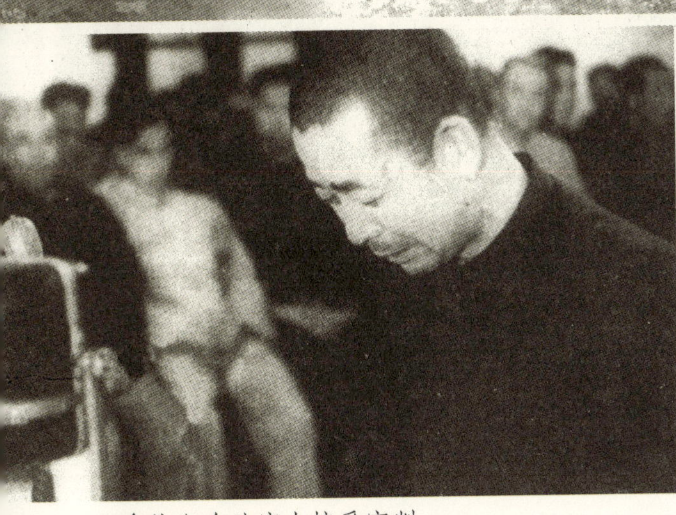

▲战犯在法庭上接受审判

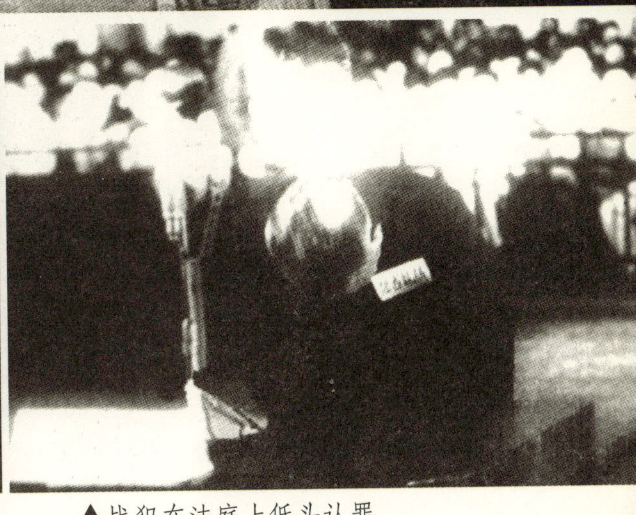

▲战犯在法庭上低头认罪

▼战犯在法庭上跪地谢罪

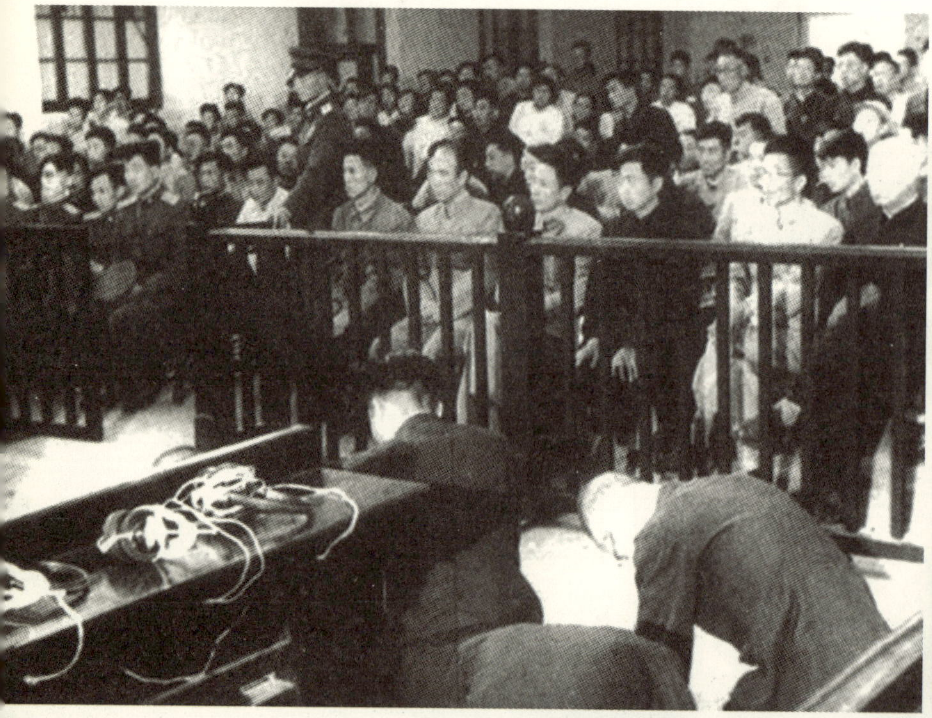

▲战犯在法庭上跪地谢罪

◀中华人民共和国最高人民检察院根据“惩办极少数，宽释大多数”的方针，从宽处理战犯1017名，免予起诉，即行释放。听到宣判，场内响起一片哭泣声

▲被免予起诉的战犯感激得痛哭流涕

▲被释放的战犯在免予起诉书的收据上签字

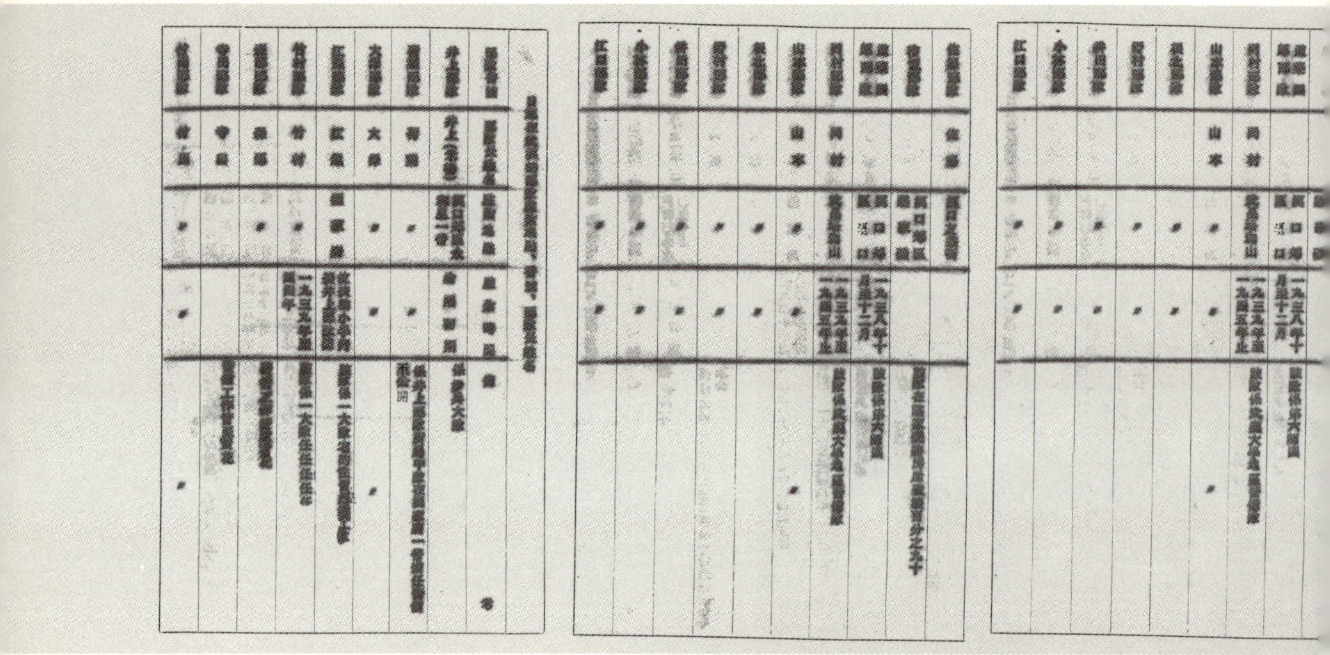

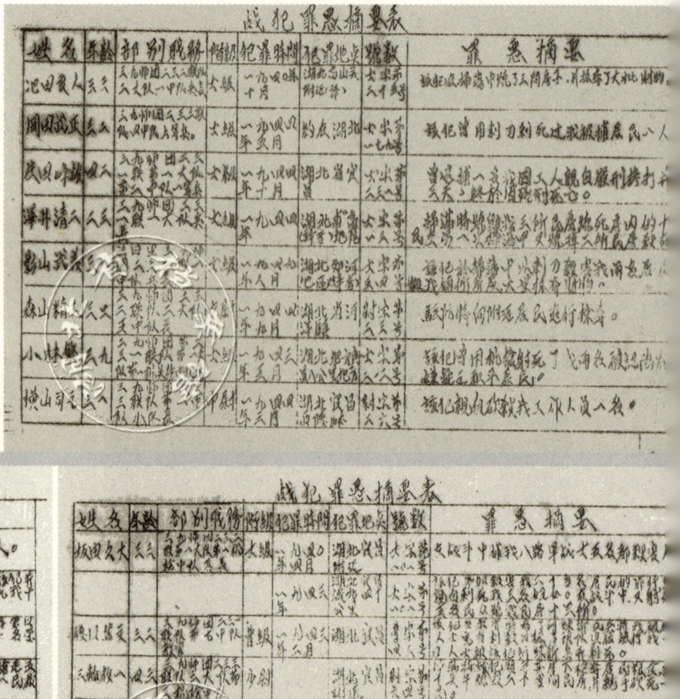

战犯罪恶摘要表

姓名	年龄	部别职务	阶级	犯罪时间	犯罪地点	号数	罪恶摘要

▶▼日本战犯在湖北罪行调查表

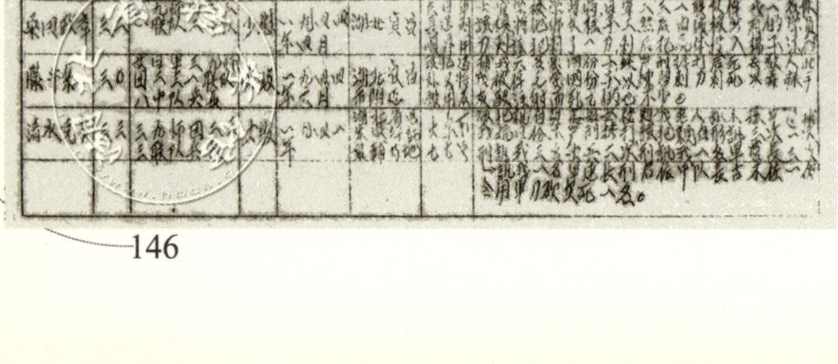

战犯罪恶摘要表

姓名	年龄	部别职务	阶级	犯罪时间	犯罪地点	号数	罪恶摘要

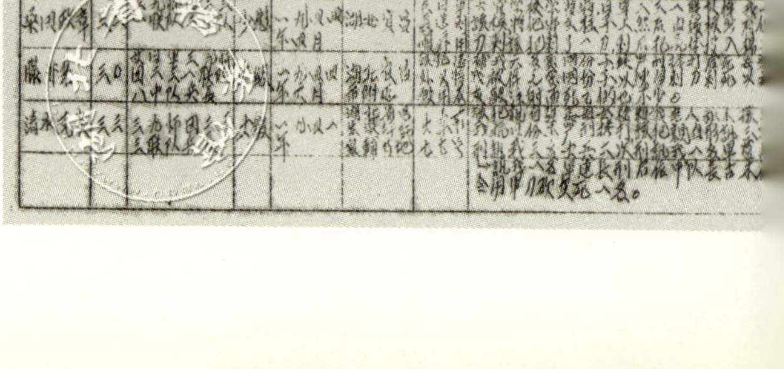

战犯罪恶摘要表

姓名	年龄	部别职务	阶级	犯罪时间	犯罪地点	号数	罪恶摘要

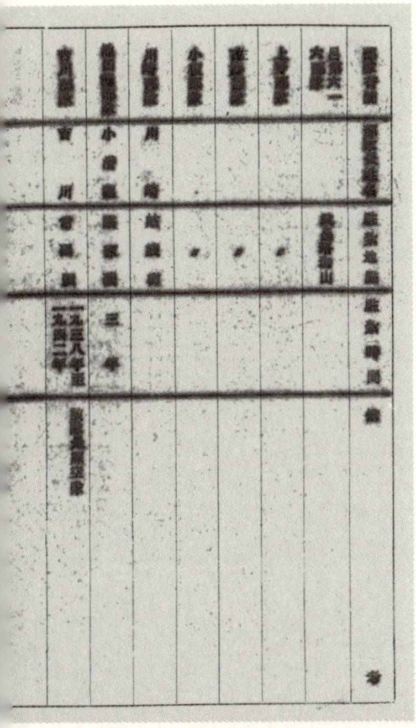

◀日军在武汉部队番号

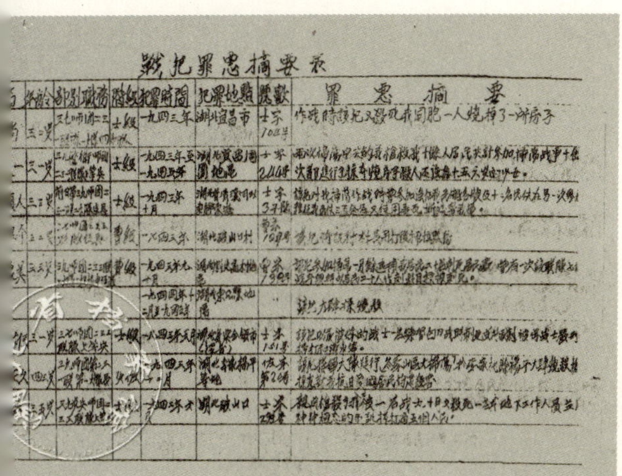

戰犯罪惡摘要表

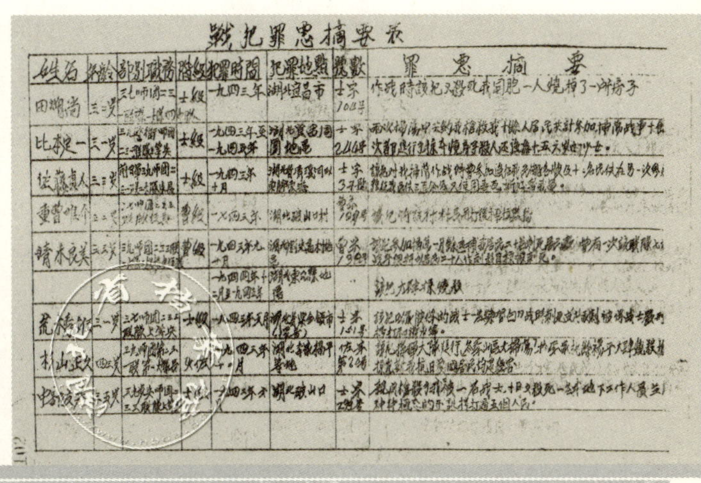

戰犯罪惡摘要表

姓名	年齡	部別職務	階級	犯罪時間	犯罪地點	人數	罪惡摘要

▼枝江县人民政府控诉日本战犯公告

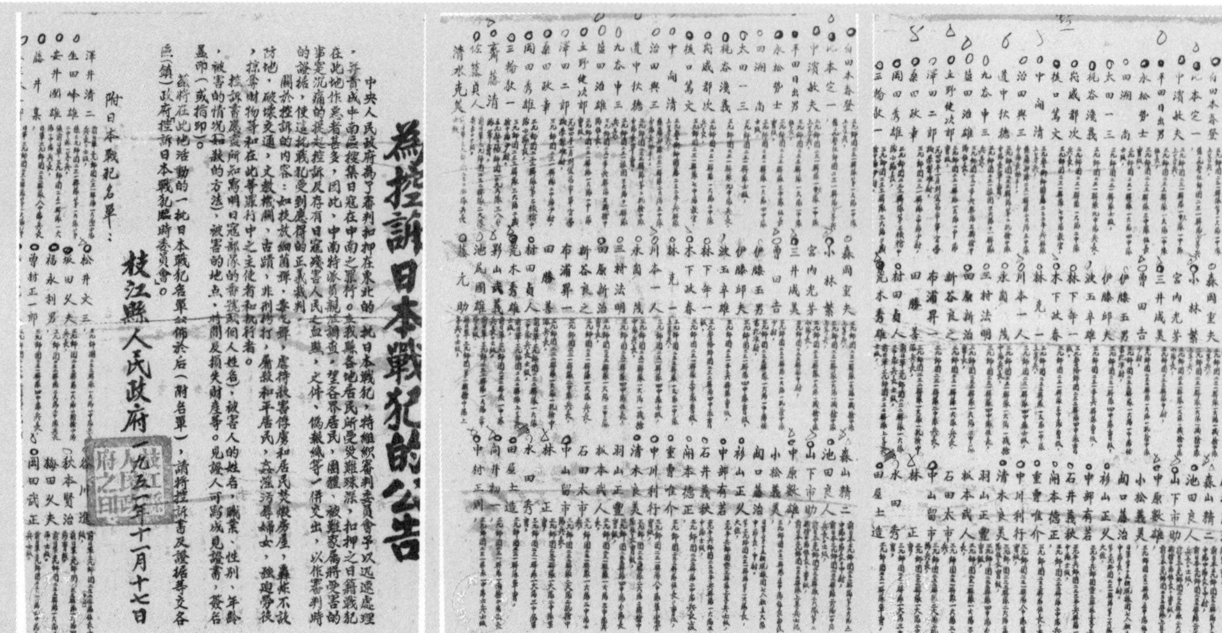

为控诉日本战犯的公告

中央人民政府为了审判扣押在东北的一批日本战犯，特组织审判委员会予以迅速处理，并责成中南区搜集日寇在中南之罪行。查我县各地居民所受灾难殊深，扣押之日籍战犯在此地作恶者甚多，因此，中南特派员亲临调查，望各界居民，团体，被难家属将受害的事实沉痛的提起控诉及存有日寇残害人民之血照，文件，伪报纸等一併交出，以作审判时的证据，使这批战犯受到应得的正义裁判。

关于控诉的内容：如投放细菌弹，毒气弹，虐待杀害俘虏和居民焚毁房屋，轰炸不设防地，破坏交通，文教机关，古迹，非刑拷打，屠杀和平居民，奸淫污辱妇女，强迫劳役，掠夺财物等和在此等罪行中之主使者和执行者。

控诉书应尽所知写明日寇部队的番号或个人姓名），被害人的姓名，职业，性别，年龄，被害的情况（如杀的方法），被害的地点，时间及损失财产等。见证人可写成见证书，签名盖印（或指印）。

兹将在此地活动的一批日本战犯名单公佈于后（附名单），请将控诉书及证据等交各区（镇）政府控诉日本战犯临时委员会。

枝江县人民政府 一九五一年十一月十七日

附日本战犯名单：

洋井清二　松井文三　生田峰雄　坂田久夫　安井阁雄　福永利男　藤井集　曾村正一郎　谷川进　秋本贤治　梅田久夫　冈田武正

▲湖北各县抗战史料

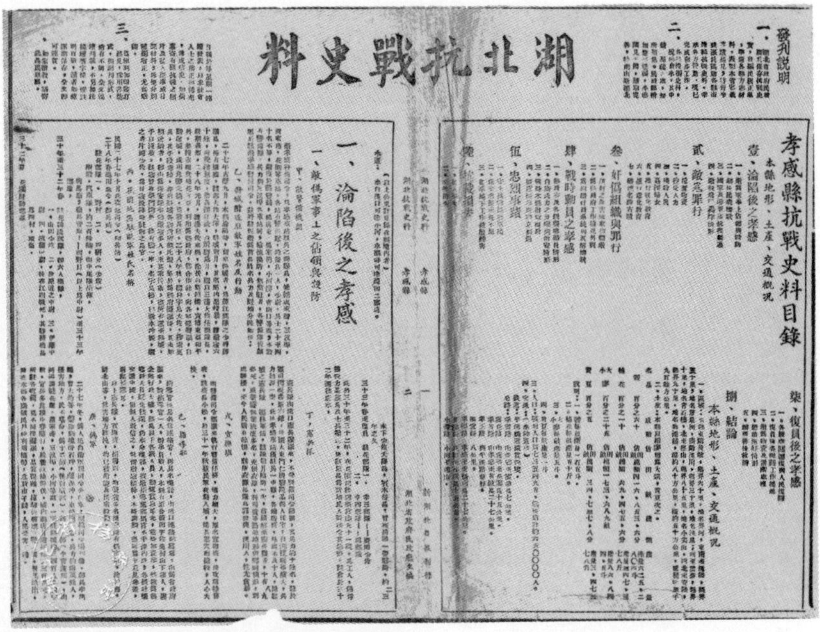
湖北抗戰史料
孝感縣抗戰史料目錄

▲孝感县抗战史料

▼阳新县抗战史料

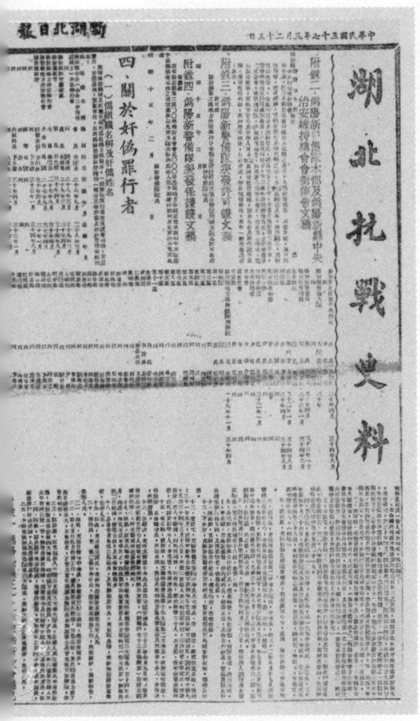
湖北抗戰史料

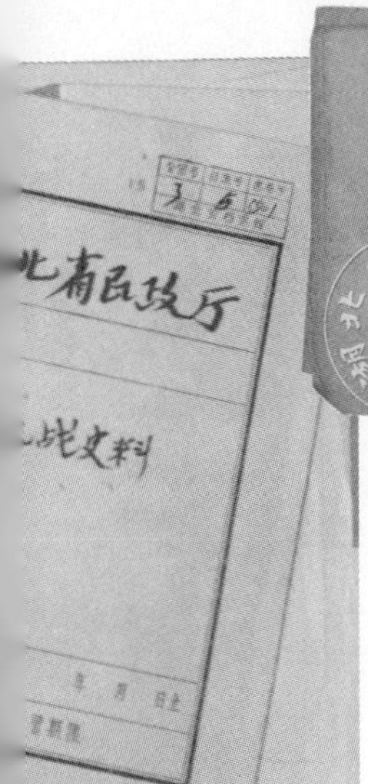

▲湖北抗战损失统计

湖北抗战大事记

●1937年9月，董必武筹建八路军武汉办事处；12月下旬，新四军军部在汉口组建；12月23日，中共中央长江局在武汉正式建立。

●1938年2月18日，武汉第一次空战。

●1938年3月29日至4月1日，国民党在武昌召开临时全国代表大会，通过《抗战建国纲领》。

●1938年5月29日，日军进攻安庆，武汉会战前哨战正式开始。

●1938年7月7日，武汉发起百万大献金运动。

●1938年7月25日，日军第六师团攻占黄梅小池口，日军进入湖北。

●1938年7月27日，湖北省政府决定西迁宜昌办公。

●1938年10月25日至27日，武汉三镇相继沦陷。

●1938年10月27日，湖北省政府决定由宜昌迁往恩施办公。

●1938年12月，日军胁迫和扶植的汉奸政权“武汉治安维持会”成立。

●1939年5月，日军发动随枣战役，占领枣阳、襄樊等地。

●1940年1月，新四军鄂豫挺进纵队在京山八字门正式组建。

●1940年5月至6月，日军发动宜枣会战。

●1940年9月，鄂豫边区第一次军政代表大会在京山八字门举行。

●1941年1月，新四军鄂豫挺进纵队改编为新四军第五师。

●1941年12月，中共鄂豫边区委员会和新四军第五师发起侏儒山战役。

●1943年5月至6月，日军发动鄂西会战。

●1945年9月18日，国民政府第六战区司令长官孙蔚如将军在汉口中山公园内举行受降仪式，接受日军第六方面军司令冈部直三郎大将等日军的投降。

后 记

湖北省是日军侵华档案资料最为丰富的省份之一。据湖北省档案馆建立的“湖北省民国档案全宗目录、案卷级目录系统”数据库统计，全省民国时期形成的涉及抗战内容的档案资料有20余万卷(册)。这批档案资料详细记载了各县沦陷经过，日寇杀人放火、奸淫掳掠的罪行，并附有伤亡人数、名单，以及财产损失统计数字。此外，还有新中国成立后，1951年到1956年间有关部门调查日军所犯罪行以及审讯日本战犯原始记录，内容包括日本战犯亲笔签名的口供、笔供和认罪书。两者相加，数量约计近30万卷(册)。这批档案资料，是日本侵略中国并犯下滔天罪行的不容抹杀的罪证。

湖北省档案馆历来十分重视抗战档案资料的收集整理及开发利用工作。从20世纪80年代起，组织专人对有关档案进行系统整理和研究，先后编辑出版了一批史料汇编。2005年，与中央档案馆合作出版《侵华日军在湖北暴行史料》，受到社会各界的好评和专家学者的肯定。从2006年起，投入专项资金，在海内外广泛征集有关抗战内容的档案资料，使馆藏抗战内容档案资源得到进一步丰富，为开发利用打下坚实的基础。2010年，为纪念中国人民抗日战争暨世界反法西斯战争胜利65周年，湖北省档案馆举办了“历史不会忘记——湖北抗战大型图片展”，在社会上引起强烈反响。

应广大观众的要求，湖北省档案馆对展出的照片作了进一步的调整与补充，汇编成册，成为首部比较系统、全面反映湖北抗战历史的《湖北抗战图史》。本书所收录的内容均为湖北省档案馆馆藏档案资料，共计照片344幅。所选照片经过精心筛选，且做了认真考证，大部分是首次公开发表。其中一部分照片，为当年侵华日军随军记者拍摄，成为揭露日军在湖北犯下滔天罪行的铁证。

“前事不忘，后事之师”。编辑出版本图史的目的，旨在既为专家、学者研究抗日战争提供珍贵的史料，同时为进行爱国主义教育提供生动的教材。运用翔实的史料，通过直观的形式，揭露日本帝国主义的侵略罪行，再现那段血泪斑斑的历史场景；提醒今人并昭示后代永远不忘侵略者的凶残与暴戾，牢牢记住我国人民遭受的牺牲和苦难；歌颂中国人民前仆后继、不屈不挠反抗侵略的英雄事迹；弘扬抗日战争中体现出的伟大民族精神，进一步凝聚民族力量，增强民族自尊心、自信心和自豪感，铭记历史，勿忘国耻，为振兴中华和维护世界和平而奋斗不息。

本书在编辑过程中参考了中共湖北省委党史研究室《中国共产党湖北历史图志》等书籍及有关文章，在此谨致谢意。囿于编者学识所限以及资料收集欠缺,不免有遗珠之憾与不当之处，敬请读者指正。

《湖北抗战图史》编委会

2012 年 2 月